はじめに

ある0歳児の保育です。大・小サイズのペットボトルで作られた手づくりマラカスを使っての遊びでした。保育室に置かれたマラカスに興味をもった乳児たちは、ハイハイしてマラカスに一目散。それぞれ自分のものを手にして音を楽しみはじめます。ある7か月の女児もすぐさま目の前にあった小さいマラカスを右手に持ち、腹ばいの姿勢で遊びだしました。ちょうど自分に合ったサイズです。ところが、しばらくすると大きいマラカスが気になったのか、ずりばいしながら取りに行き、それを右手に持って振ろうとします。しかしこの体勢では大きすぎて、片手で持つことができません。それでも何度も何度も繰り返し、もう諦めるかと思った瞬間、まるで貝を打ちつけるラッコのように寝返り、大きなマラカスを両手に持って音を確かめながら遊びはじめたのです。悦に入った表情でした。私は思わず「すごーい！ ちゃんと考えたね！」と7か月の女児の努力と思考力に感服しました。

乳児の造形遊びは、どの乳児も遊べるようにとつい親切に場や材料を与えてしまう傾向があります。しかし、この保育のように材料の形や色を不親切に用意し、考えるきっかけや工夫する機会を与えると、一人一人の主体性を育てる保育につながります。

本書では、0・1歳児は発達に合った行為の様々な遊びを取り上げ、その中で工夫や発見ができる材料や保育環境の整え方などを紹介しています。また、なぐり描きをするときのポイントと見方、なぐり描きの形の配置や空間のよみとり、色や形から見るストレスの見方などを伝えています。

なぐり描き期から意味づけ期に進む2歳児の絵画表現では、取り組みの大切さや具体的な指導方法を、製作活動の基本となるのり・はさみの指導は洗たく・虫とりなどの身近な生活を題材とし、ごっこ遊びにした取り組みを紹介しています。

日常的な題材から「おもしろそう」「やってみたい」の声がいっぱい聞こえる保育の手立てになれば嬉しいです。

舟井　賀世子

目次

作ることの発達

乳幼児は毎日のように描いたり、作ったりして遊びます。紙があればそこに描き、またそれを破いて遊ぶ姿は自然であり、その材料が空箱・芯材・容器などに変わっても、手に取って遊ぶ子どもの行為（遊び方）はそれぞれの年齢でほとんど同じです。例えば、0歳児が芯材・空箱・容器など毎日異なる材料で遊んでも、必ずする行為（遊び方）は、口に入れる・噛む・なめる・たたく・音を楽しむなどと同じです。これはどの年齢でも同じ材料で遊ぶと共通の行為（遊び方）が見られるということです。

「描くこと」、つまり絵を描く発達は、R. Kelloggの絵画表現区分やR. Kintzleの幼児期の発達区分、V. Lowenfeldの発達区分、日本では文部科学省による区分表など、学説に多少の違いはあっても、きちんと発達研究が区分比較されています。

年齢別に見る素材に関わる子どもの行為

年齢	0歳児	1歳児	2歳児
	口に入れる・噛む・におう・なめる・手で触る・叩く・投げる・蹴る・振り回す・みつける・入れる・出す・音を楽しむ・足を入れる・破く・引っぱる・つまむ・つつく	集める・並べる・重ねる・つなげる・足で引きずる・大小に気づく・長短に気づく・軽重に気づく・はさむ・転がす・ちぎる・穴に通す・保育者の真似をする・隠す・詰める・保育者に呼びかける	並べ替える・線に並べる・面に並べる・高く積む・積み方を考える・分ける・大きさや種類に分ける（分類する）・模様や種類にこだわる・ごっこ遊びをする
	素材を確かめる行為	素材に触れて確かめる行為	関心・行動的な行為
	 出したり入れたりしています。	 大きい箱の中に小さい箱を入れています。	 線に並べて遊んでいます。
	 破いて遊んでいます。	 重ねています。	 色や形にこだわって並べています。
	 音を楽しんでいます。		

しかし「作ること」に関してはどうでしょうか？前述のとおり、0歳児の口に入れる・噛む・出す・入れる・引っぱるなどの行為（遊び方）から、2歳児では種類の分類・色や形で遊ぶ行為・ごっこ遊びへの育ちが見られ、3歳児では「見立て」遊び、4・5歳児では構成と、発達はもちろんのこと、育ちは年齢別に区分されていると考えられます。ここに、多数の保育現場で材料遊びの実践を試みた結果を、年齢別に見る素材に関わる子どもの行為（作ることの発達）として一覧にします。参考にしてください。

特に0・1・2歳児の造形活動では、これらの行為が保育活動の展開になるのです。

（注）➡ 継続していく行為
➡ 徐々に消えていく行為を含む

3歳児

大小に積み替える。大きさごとに揃える。
「○○ちょうだい」の要求が明確に出てくる。
「○○みたい」と見立てが顕著になる。
構成を始める。

※3歳児の特徴として材料遊びの中で破壊を好む時期があります。反抗期との関連も大切に見守りましょう。

物との関わり・ごっこからの構成的な行為

ピンク色の箱だからウサギなどと色からの見立てをする。

（例）ウサギを作る。
（名詞）

4歳児

色や形できちんと分類する。
大中小に分類し、形づくる意味を示す。
「○○ができたから○○を作る」と
見立て構成が広がる。

構成的な行為

箱の形がウサギに見えるからウサギを作るといった製作になる。

（例）ピアノを弾いているウサギを作る。
（名詞＋動詞）

5歳児

まとめる。配置する。
規則性をもつ。見通しをもって関連づける。

構成的な行為

4歳児同様、形からの見立てで構成する。

（例）ケーキやさんでおいしそうなケーキを作っているウサギを作る。
（名詞＋形容詞＋動詞）

造形あそびのポイント・配慮

乳児保育といえばお散歩や砂遊び、そしてお昼寝が保育園生活のほとんどを占めるというのが一般的なようです。1歳前後で歩けるようになった乳児たちは、立つことで視野を広げます。また、移動することで行動範囲も広がっていきます。そこでできることといえば、先程のお散歩や砂遊びとなるわけです。しかし本当にそれだけの保育で乳児保育は充分なのでしょうか？

0歳児の乳児の存在は「存在感2.0」だと書いてあるのを本で読んだことがあります。生後まもない乳児が大人の生活に与える存在感は、3・4・5歳児が普通の「存在感1.0」だとすると、0歳後半から1歳後半にかけては「存在感2.0」となるそうです。

その理由はまず、好奇心の強さと深さです。0・1・２歳児の場合は新しいものに対する関心・探索だけでなく、見慣れたものへの使い方などの変化にも、より好奇心をもって関わります。次に、飽きもせずに同じことを繰り返している姿です。保育者側から見ると同じことのように見えますが、0・1歳児には毎回どこか違う何かプロセスがあるのでしょう。興味をもつと飽きることなく集中する0・1歳児の存在感はやはり2倍ですね。けれども何かに興味づかないとスーッと全員がひいてしまう光景も見られます。

入れる・出す・音を楽しむ・集める・並べる・重ねるなど、多くの行為を通して遊びの基本態度を身につける0・1歳児。色や形、種類にこだわって分類し、それがごっこ遊びに発展、のりやはさみの技術を身につけ、造形の形づくりの基礎年齢の2・3歳児。見立てを通してイメージや発想力を豊かに構成能力を高め、構築性も育てる4・5歳児は造形の形づくりの応用年齢といえます。

それぞれの年齢の発達の特徴を知り、子どもの興味・関心や主体的な活動の内容、ねらいを意識しながら、興味をもち、集中できる、質を高める保育内容や保育環境の設定を考えてみましょう。

保育環境を整える

1　乳児の造形活動における基本的な配慮は、安全・衛生です。特に日常的にものを口に入れて確認する0・1歳児に対する安全衛生面への配慮は忘れずに心掛けましょう。

2　生活廃材を使っての手づくりおもちゃ・手づくり教材は安価で、汚れたら新しく簡単に作り替えできるのが利点です。口に入れて確かめる乳児の造形素材として適していますので上手に活用しましょう。

3　生活の場と造形活動の場はそれぞれが活動しやすくできるように、整理棚や仕切りを使って環境を整えましょう。整理された保育環境は集中力にも大きく影響していきます。

4　保育者の言葉も保育環境の一つです。楽しい導入があるとやる気がおき、「できたよ！」という子どもに対する「本当！できたね！」などの共感・容認する言葉と見守る姿勢で、安心感や満足感を与えます。

一人一人の成長に合った保育をするためのポイント

絵を描くことに発達があるように、作ることの育ちも発達として捉え、理解することが必要です。

口に入れる・持つ・持ち替える・入れる・出す・音に興味をもつなど、同じ年齢でもものと出会ったときの遊び方や反応などは異なります。

特に0・1・2歳児の乳児クラスでは1〜2か月の月齢の差が大きく遊びに影響します。そのための保育者の関わり方を考えてみましょう。

1 遊びを見守る保育は気づき・発見・集中力が増します。

ついねらいに合わせて遊び方を教えてしまう保育になりがちですが、用意した材料で一人一人がどのように考えて活動するのかを見守ることから始めましょう。保育者に「○○しましょう」「○○しなさい」と指示される保育では、気づきや発見はできません。一人一人が何に興味をもって取り組むか、「させる」のではなく待つことが大切です。

材料との出会いも、直接手渡す・手の届くところに置く（自分で取る）・みつけて手にするなど、様々あります。子どもの意欲につながる導入になるよう心掛けてください。

自分で手にした材料を使っての活動では集中力が増します。活動に参加していない子どもがいてもしばらくは見守り、遊びを待ちましょう。その子が興味をもって取り組みを始めたときには共感の言葉を忘れずにかけてあげてくださいね。

2 遊びの中で工夫や発見ができるための材料工夫をしましょう。＝気づきの保育（不親切保育）

「ここに入れると必ず入る」「これはどの穴の中にも入る大きさ」など、保育者の用意する材料は親切で、どれを使っても遊べるようにと大きさや長さなどが整えられたものになりがちです。

1歳児にはもうすでに大小に気づく発達があります。例えば穴に入れる活動の場合、すべて入る大きさの容器と材料を準備した保育と、大小様々なものを用意した保育とでは、どちらが1歳児の育ちが望まれる保育になるでしょうか？

答えはもちろん後者です。材料をちょっと不親切に準備することで、乳児は「あれ？どうして入らないの？」と考え、何度も繰り返すことが大好きなこの年齢児は、繰り返す中で考えて発見し、学んでいきます。

また、色や形の異なる容器がたくさんあると、メーカーなど、その種類にこだわって分類し、遊びに夢中になり、時間が経てばごっこ遊びに発展していくのは2歳児です。

0・1・2歳児、それぞれの造形の発達の特徴に合わせて材料を整え、気づきの保育を心掛けてください。

3 発達に合った活動をしましょう。

「1歳児クラスですが、集中して遊べません。どうしてでしょうか？」という相談がよくあります。「○○の活動です」「○歳児です」と聞いてすぐに出てくる答えは、「活動が発達に合っていない」ということです。

0歳児でも3学期後半になると、約1時間活動している保育を見かけます。乳児は無口になり、集中した様子で、自分が興味のある遊びに目的をみつけ、自分のリラックスできる場で材料に取り組んでいます。何よりも発達年齢に合った行為に取り組んでいる保育といえるでしょう。そんなとき、保育者は傍らで静かに見守り、時折り小さな声で共感の言葉をかけてあげましょう。

集中できない原因は発達に合っていないことだけでなく、保育者の声かけなどの支援にもありそうです。先にも述べたように、年齢による造形遊び・行為の発達（P4～5参照）があります。表を参考に遊びを考えてみてください。一人一人の知性や感性、捉え方による育ちの違いや月齢差による違いもありますので、それぞれに合った活動の援助も必要になります。

0歳児

いろいろな素材

音であそぶ

身近にある生活用品を使い、音を鳴らして変化を確かめて遊びます。素材の違いからくる音の異なりに興味を示したり、たたく位置で音が違うことなどに繰り返す遊びの中で気づいていきます。

用意するもの

- ステンレスボール
- フライパン
- アルミ鍋
- ミルク缶
- 玉子焼き器
- 卵パック
- カプセルトイ(鈴を入れたもの)
- 洗濯板(プラスチック)
- シャモジ(プラスチック・木)
- 泡立て器(ステンレス)
- おたま(プラスチック・ステンレス)

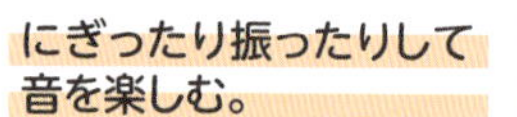
にぎったり振ったりして音を楽しむ。

目の前にあるおもちゃを振って順番に音を鳴らしています。卵パックの音がお気に入りでした。

ぼく、これが気になるの!

音に反応する。

シャモジを持って洗濯板をたたきます。偶然シャモジが溝をこすってカタカタと鳴ったときは驚きの表情になりました。

工夫したよ

ミルク缶をシャモジでたたいて音を楽しんでいます。

たたいて音を鳴らす。

一段はずし、音の変化を確かめています。

ぼく この音好きだよ!
好きな音 みつけたよ

最初は自分のまわりにあるものを手当たり次第にトントンたたいて遊びます。それぞれの音の違いをたたきながら確かめ、やっと自分のお気に入りの音がみつかりました。ステンレスボールを夢中でたたき続けています。

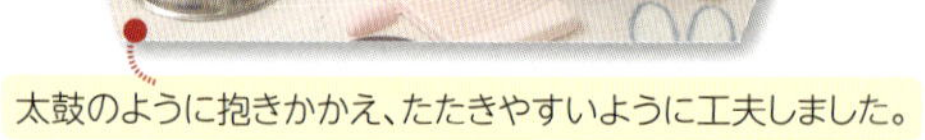
太鼓のように抱きかかえ、たたきやすいように工夫しました。

ポイント and アドバイス

- 座ることができるようになると、両手が自由に使えるようになり、たたき合わせの動きが育ちとしてできるので、たたく道具としてシャモジや泡立て器などを用意しましょう。
- 遊ぶ用具は木・プラスチック・金属など素材による音色の違いに気づけるよう、種類に配慮しましょう。
- 遊ぶ用具にはシールなどで顔をつけた材料とそうでない材料を用意してみましょう。意識的にどちらを好んで選び、集中して遊ぶのかが見えてきます。

ステンレスボール

目・口シール あり   なし

シャモジ

目・口シール あり   なし

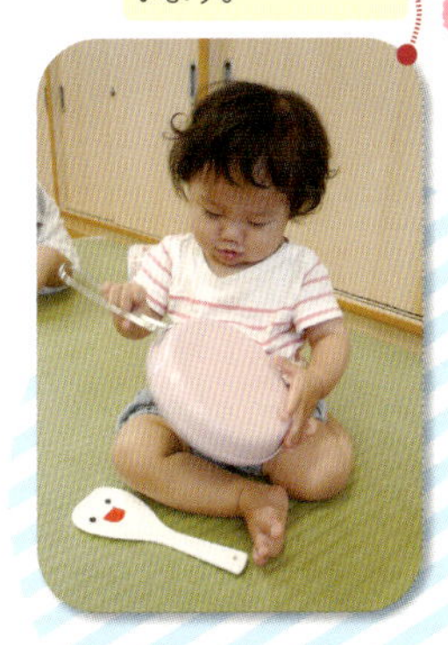

座ってフライパンをシャモジでたたいています。

フライパンを泡立て器でカシャカシャ鳴らして音を確かめています。

ステンレスボール・フライパンをたたき、音の違いを比べています。

フライパンをひっくり返してみました。

ものをたたいて音色を聞き分ける。

ベビーサークルにぶら下げたフライパンを泡立て器でたたいています。

今度はひっくり返して取っ手の方でカシャカシャ。音の違いに気づいたかな？

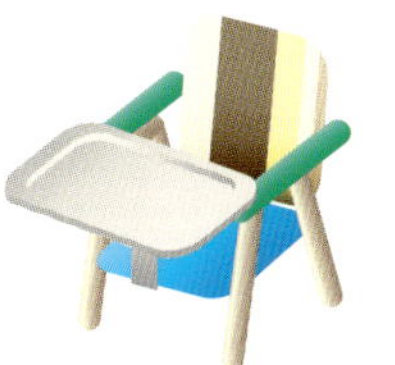

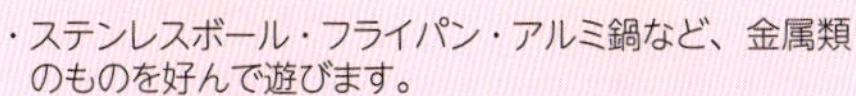

- ステンレスボール・フライパン・アルミ鍋など、金属類のものを好んで遊びます。
- フライパンをひっくり返したり、泡立て器を持ち替えたりして、音の変化を確かめる工夫が見られます。

音の発達

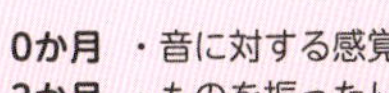

0か月	・音に対する感覚が発達し、人の声のする方向を見るようになる。
3か月	・ものを振ったりたたきつけたりして音を知っていく。
8か月	・両手に持ったものを打ち合わせたりたたいたりして音を楽しむ。
1.5歳	・音色（大きい音・小さい音・強い音・弱い音・やさしい音など）を知り、自分で音色や音の変化を聞き分ける。
2.5歳	・音階を知る、覚える。
3.5歳	・音階がひける。

0歳児

風船であそぶ

大小異なった風船や鈴の入った風船を、つかんだり抱っこしたり打ち上げたりして、フワフワした感触やはずむ素材の感じを楽しみます。

●●● 用意するもの ●●●

●風船（大・小）　●鈴
●ナイロンひも

ポイント and アドバイス

●噛むと割れるので、風船は何度も大きく膨らませ、ゴムにゆとりをもったサイズに膨らませておくとよいでしょう。
●乳児の成長に合わせて、風船の大きさを調整しましょう。

保育者の背中に風船をのせてご機嫌です。

口をつけて「カミカミ」「ブーブー」。割れると大変だよ。音の鳴ることが楽しいのでしょう。

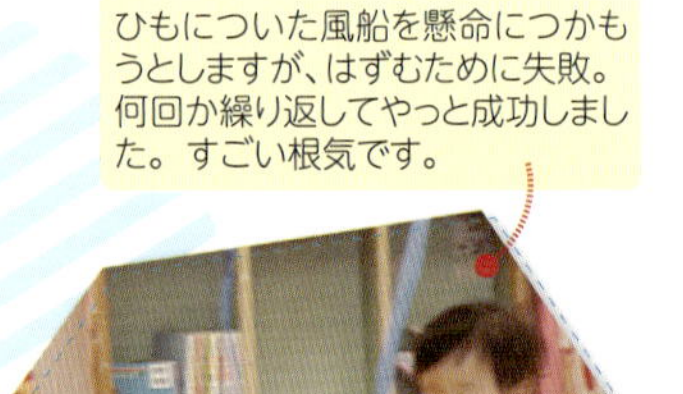

ひもについた風船を懸命につかもうとしますが、はずむために失敗。何回か繰り返してやっと成功しました。すごい根気です。

友達と二人で打ち上げて遊んでいます。

揺れ動く風船の様子に満面の笑顔を見せてくれました。

口をつけて音を鳴らしゴムの感触を楽しんでいます。

大きな風船には鈴が入っています。両手で持って揺らして音を楽しみます。

0歳児

いろいろな素材

引っぱり出す

手当たり次第に引っぱり出す行為の見られるこの年齢。ナイロンシートや布地、チェーンを引っぱると鳴る音やそれらの素材の感触を引っぱって楽しみます。

用意するもの

- ティッシュの空箱
- ミルク缶
- ナイロンシート
- エアーパッキン（気泡緩衝材）
- 布地（フェルト・綿など）
- ペットボトル
- チェーン
- ひも

ポイント and アドバイス

- スルスルと長く出てくることとその音に興味を示します。長さの加減や素材感がポイントになります。工夫してみましょう。
- チェーンは音がするので意欲的に遊びます。

作り方

ペットボトルの中に布地を入れる。

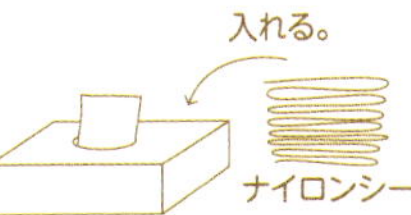

ティッシュの箱にナイロンシートをたたんで入れる。

ハイハイで前に進み、左手でバランスをとりながら右手で懸命に引っぱっています。スルスルと出てくるナイロンに満足気です。

他の乳児が引っぱり出したナイロンシートをグチャグチャとさせながら口にあてて音を楽しんでいます。

ミルク缶からチェーンが出てきます。ガラガラと大きな音がお気に入り！活発な乳児が好むおもちゃです。

空箱にナイロンシート・布地・エアーパッキンなど素材感の違うものが入っています。

上手に右手で引っぱり出したひもを缶の中にまた入れていきます。

布地を結んで長くしたものがペットボトルに入っています。下から引っぱったり上から引っぱったり、大好きなコーナーです。

ミルク缶が顔になっています。口にごちそうを入れたり引っぱり出したり繰り返しを楽しみます。

手づくりのおもちゃ

コロコロ転がしてあそぶ

コロコロ、カラカラと転がる手づくりおもちゃは歩行ができるようになる乳児が夢中になるアイテムです。
持ち方・転がし方の違いを材料で工夫してみましょう。

用意するもの

- ペットボトル(2ℓ)
- ミルク缶
- 針金ハンガー
- ラップフィルム芯
- 接着剤
- 布テープ
- ストロー・鈴・ビー玉など

高月齢児は
転がしながら
歩きまわります。

友達と当たりそうになって後ろにさがりました。バックができることに気づきました。

手でもまわせると気づいて、コロコロまわして遊んでいます。

ウサギのコロコロがお気に入りです。
顔をしっかり立てて一緒にお散歩気分。

まるで掃除機でお部屋の掃除をしているかのようです。

作品展

作品展の思い出にゾウのコロコロを作りました。ビー玉は自分で入れています。

ポイント and アドバイス

作り方

★ペットボトル★

❶ ペットボトル2ℓを2つ用意して上を切り、底に穴をあける。

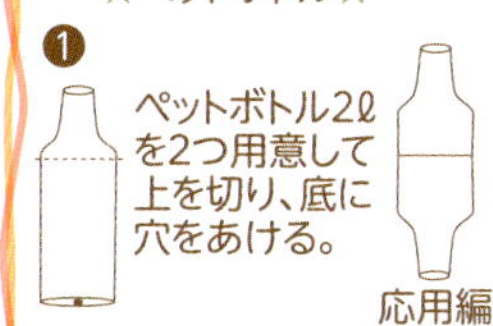

❷ 針金ハンガーをほどき2つくっつけたペットボトルの穴に通す。

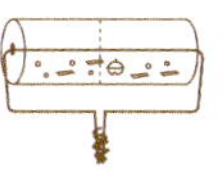

中にストロー・鈴などを入れてから接着する。

❸ 針金ハンガーの柄の部分をラップフィルム芯に固定させ、布テープでしっかりとめる。

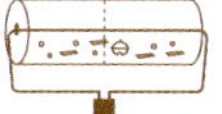

★ミルク缶★

❶ ミルク缶の上・下に穴をあけ、中にストロー・鈴などを入れる。

❷ 針金ハンガーをほどきミルク缶の穴に通す。

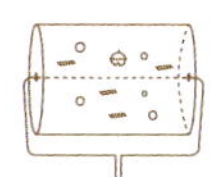

❸ 針金ハンガーの柄の部分をラップフィルム芯に固定させ、布テープでしっかりとめる。

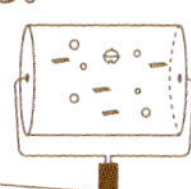

低月齢児は座って床でコロコロさせます。

カプセルトイを使って作ったコロコロも楽しいよ！

中のストロー・鈴などの音や動きに興味を示し、コロコロと楽しみます。

0歳児

動きを楽しむ 追視・注視

振ったり転がしたり

月齢の低い乳児は目の前のものを目で追い（追視）手を出して取ろうとします（リーチング）。手に取って興味があると、ものの色や動きをじっと見ます（注視）。
透明素材を使って手づくりおもちゃで遊びましょう。

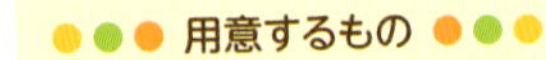

用意するもの

- 透明ホース
- ペットボトル（小）
- ビー玉・ビーズなど
- ビニールテープ

小さめのペットボトルに音の鳴るものを入れ、透明ホースとビニールテープでつなげる。

ホースの中で動く様子を注視。

目の前で揺れ動くモビール。輪が気になって手で取ろうとしています。

保育者と一緒に持って揺れ動くものに見入っています。

作品展

保育で遊んだ経験を作品展の遊びのコーナーのかみなり様のすべり台に！

●スライムや色水を入れるペットボトルは丸型や角型などいろいろ使いましょう。丸型は床で転がり遊びが広がります。
●揺れ動きの追視・注視に結びつけるために、食紅で色をつけ、中にビーズなども入れましょう。

ペットボトルに入っているスライムが「トロ〜トロ〜」と下に落ちている様子を追視。

ペットボトルの中に入っている色水の動きを追視しています。

ハイハイしながら色水のペットボトルを取ろうとしています。

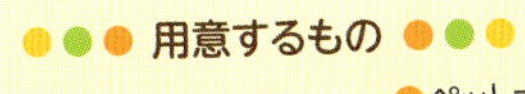

ビニールテープで巻く
スライム・色水

●ペットボトル（小）
●スライム
●ビニールテープ
●色水（食紅）
●ビーズなど

感触を楽しむ

圧縮袋であそぶ

用意するもの

- 圧縮袋（大）
- 色水
- スーパーボール
- ボール
- スポンジ
- ブロック
- ビニールテープ
- 音の鳴るおもちゃ・鈴など

圧縮袋の中におもちゃや色水などを入れると乳児はおもちゃを取ろうとしたり、色水の入っている袋をたたいたり、色水の中で動く様子に興味を示し、上にのって遊んだりします。どんなことに夢中になるのか見ていきましょう。また、空気の量により圧力が変化します。圧縮袋ならではの感触を楽しみましょう。

おもちゃやスポンジ類が入っています。大好きなおもちゃを取ろうと手を伸ばしますが取れません。手の届くところにあるのに、取ることができないもどかしさで、たたいたり袋の上からつかむ行為を繰り返します。

お気に入りのボールを圧縮袋から取り出そうと懸命です。

ボール取りた〜い！

大きな圧縮袋に興味津々です。引っぱって歩きまわったり、上に持ち上げて振り回したりして中のおもちゃの動きを楽しんでいます。

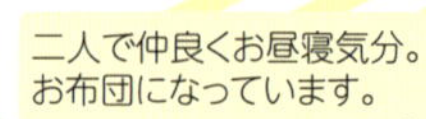

二人で仲良くお昼寝気分。お布団になっています。

わあー、冷たくていい気持ち！
はやくぼくにかわってよ！

水が入っている袋です。圧縮袋にのって水の冷たさを感じたり、ウォーターベッドのようなふわふわした感触を味わいながら水に浮かぶスーパーボールの動きに夢中です。じっと見つめながら揺れ動くスーパーボールを追視。

圧縮袋の上面に貼ってあるビニールテープをみつけ、はがしはじめました。上にのるきっかけになっています。

ポイント and アドバイス

- 水を入れる場合は空気の量がポイントです。空気の量が多すぎるとのったときに弾んで不安定になり恐怖心となります。調節しましょう。
- 安価な圧縮袋は水圧と子どもの重みで破れる場合があります。安全な袋を使用してください。

0・1歳児

感触を楽しむ

おからであそぶ

握ると指の間からニュニュッと出るおからの感触と匂いは楽しい材料です。時間とともに変化してくる素材感や、そこに色水が加わり色が変わっていくおからに子どもたちは夢中になって遊びます。変化を楽しむ姿を大切に見ていきましょう。

用意するもの

- おから
- ボール（大きめ）
- 透明ホース
- 色水（食紅）
- 霧吹き

ポイント and アドバイス

- おからは活動時間が長くなると乾燥し、パサパサになります。食紅で作った色水を霧吹きで加えると、しっとりとして活動が意欲的になり、継続していきます。
- 夏は傷みやすくなります。材料の衛生管理に配慮してください。

あっ いい匂い!

手で触ったり匂いを嗅いだりしています。

あっ ちょっと いい気持ち?

「ぎゅう！ぎゅう！」とおからを練り込んでいます。体全体の力が指先に伝わっているのがわかります。

感触遊びの苦手な子どもも指でつつきはじめました。先生や友達と一緒に材料と関わる安心感が子どもの気持ちを遊びへと導きます。

発見したよ

二人でホースをみつけて遊びはじめます。

一緒に しようか?

工夫したよ

ちょっとホースが 長すぎたかな?

長いホースに入りやすくするため、おからをまるめ、ダンゴ状にして入れています。すばらしい工夫です。

考えたよ

うまく 入ったぞ!

夢中になってホースに入れています。

0・1・2・3歳児

感触を楽しむ

パン粉であそぶ

パン粉を触る・握る・匂うなどして遊びます。手にパン粉のチクチク感を感じたり、握りしめたときの音などに気づいたりします。色水を加えると、パンの匂いと色の美しさに子どもたちは大きく反応していきます。

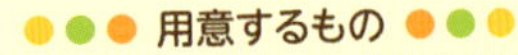

用意するもの

- パン粉（粗め・細かめ）
- ボール（大きめ）
- 色水（食紅）
- 霧吹き
- 容器
- 透明ホース

0・1歳児

ポイント and アドバイス

- パン粉には粗めと細かめがあります。目の細かさで子どもの感触による反応の違いを見てみましょう。
- 水を加えるとパンの匂いに変わり、遊び方に変化が見られます。

「ぎゅう！ぎゅう！」と握りしめてパン粉の感触を確かめています。

色水を加える。

霧吹きで色水を加えます。赤や緑に色がつき、パンの匂いがしてくることに大喜び。思わず口に入れる子どももいます。

パンを作るように上手にこねています。

容器で遊ぶ。

容器に入れる・出す・入れ替えるなど、繰り返して遊びます。

容器に入れています。

透明ホースで遊ぶ。

透明ホースに詰めています。

2・3
歳児

しばらくはパン粉で遊びますが、すぐに自分たちで色水を加えて練っていきます。容器をみつけると、ごっこ遊びになっていきます。

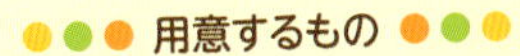

用意するもの
●パン粉 ●色水（食紅） ●霧吹き
●卵パック ●容器 ●ボール（大きめ）

たこ焼き
できたよ

卵パックに入れて遊びます。

サラサラして
気持ち
いいね

感触を楽しみます。

色水を
加える。

自分たちで色水を加えていくと、次第にパン粉粘土になっていきます。

色水を加えながら、「今タコを入れているよ」と、やはりたこ焼きづくりです。

おにぎり
たくさん
できたよ

0歳児

感触を楽しむ

泡であそぶ

ブクブクとできていく泡のおもしろさに0歳児は興味津々。
触って遊んでいるうちに泡の作り方を発見します。

用意するもの

- 圧縮袋
- 袋（ファスナーつき）
- 色水（中性洗剤またはボディソープを入れたもの）

ポイント and アドバイス

- 乳児の遊びのきっかけになるように泡は少しだけ袋の中で作っておきます。

大きな圧縮袋をみつけるとハイハイで近づき一目散に上にのぼりました。

たたいて揺らすと…

気づき

圧縮袋の中の色水をたたいて揺らすと泡がブクブクできていくことに気づきました。何度も繰り返し遊びます。

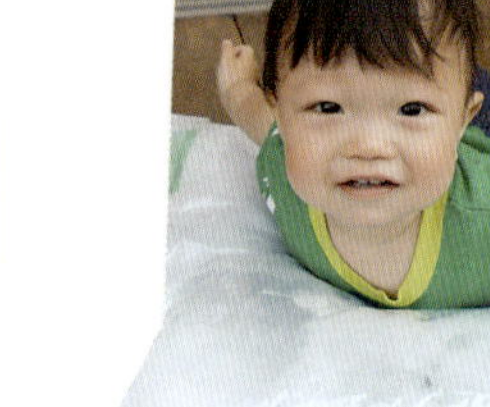

ひんやりした感触に感動。
最高のポーズで決めています。

揉んでいると…

グチャグチャとビニール袋を揉むとブクブクとできてくる泡に興味津々。夢中になって遊びました。

足の上にのせて触っていると…

発見

袋を足の上にのせて冷たい感触を楽しんでいると…。「あれあれ！」たくさん泡ができたことに大喜びです。

その他の感触あそび紹介

片栗粉であそぶ

用意するもの

- 片栗粉
- 洗面器・たらいなど
- 色水

片栗粉で遊びます。

色水が入ると…。

トロトロの感触がいい気持ち。

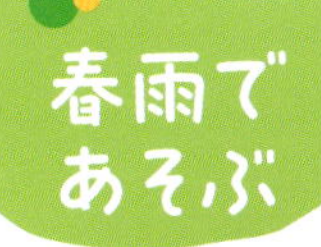

春雨であそぶ

用意するもの

- 春雨
- 容器（ペットボトルなど）

足にのせて…。

春雨の感触を楽しみます。

頭の上にのせて…。

工夫したよ

1本ずつ容器の中に入れて…。

はがして楽しむ

ラップフィルムであそぶ

ラップフィルムの感触や開いたときの音の変化に気づき、興味をもちます。シールやビニールテープをはがしながら取り出す行為を楽しみましょう。

●●● 用意するもの ●●●

●ラップフィルム ●カプセルトイ
●芯材(トイレットペーパー芯・テープ芯・ラップフィルム芯)
●ビニールテープ ●シール ●容器(カップなど)

保育者からラップフィルムをもらう。

ベビーサークルにかけに行ったり…。

両手でクルクルとまるめてみたり…。

自分なりの遊びをみつけて。

シールやビニールテープを貼ったもの、カプセルトイやカップを包んだものを渡すと遊びの継続と新しい展開が見られます。

両手で思いきり引っぱってみたり…。

ひも状に細く伸ばしてみたり…。引っぱるとキュキュッとなる音を確かめています。

友達と引っぱり合ってみたり…。

活動の流れと様子

- 長く切ったラップフィルムで感触を楽しみます。まるめる・ひも状にする・引っぱる・かけるなど一人一人の素材に関わる姿を大切に見守りましょう。
- ラップフィルムにシール・ビニールテープを貼ったものやカプセルトイやカップを包んだものを用意します。中身を取り出そうと工夫する姿や、取り出した素材とラップフィルムへの関わり方がそれぞれの子どもの個性として見られます。
- 長い芯材や短い芯材を遊びの場に置くと、すぐに芯材の中にラップフィルムを入れていきます。突っ込み方の工夫は様々です。

ポイント and アドバイス

- ラップフィルムはメーカーにより、音や感触の違いがあります。より効果のある製品を選んでください。
- まるめても口に入りきらない大きさにすることが安全への配慮になります。
- 感触と音を楽しむことがねらいですが、シールが貼ってあるのをみつけると、あけよう・はがそうとします。またラップフィルムで素材を包む場合は、音の鳴るものを入れないようにしましょう。音に興味を引かれ、あける行為が妨げられます。

夢中になってシールをはがし、床にペタペタ。

入れやすいようにひも状にしています。すばらしい工夫です。

取ったテープを保育者の手に。

必死に芯材の中に突っ込んで入れています。

テープ芯に入れたのですが、落ちるのに気がついてトイレットペーパー芯に入れ替えました。

くっついてはがれにくいラップフィルムにイライラしながらも…やっと取り出しに成功！

長い芯材に巻きつけています。

0・1歳児

入れて楽しむ

ストローであそぶ

入れたり出したりすることは乳児にとって大好きな遊びです。ストローの長さと容器の形に変化をもたせることで、0歳児なりの気づきや一人一人の工夫する力が見られます。

用意するもの

- ペットボトル（2ℓ・500mℓ）（穴があいているもの・底がないもの）
- ストロー（長め・短め）
- 空箱・容器（穴があいているもの）

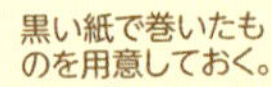

黒い紙で巻いたものを用意しておく。

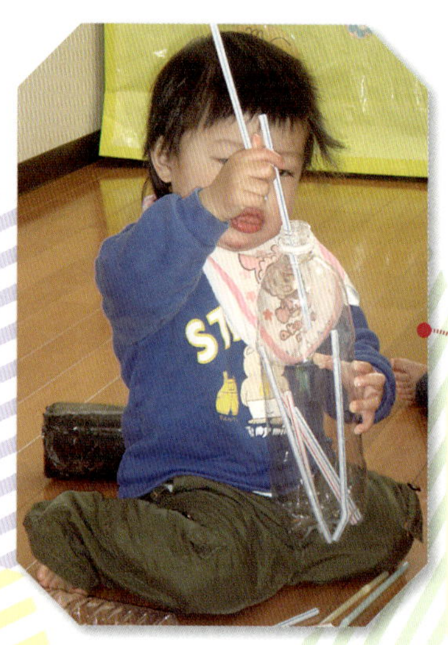

蓋のついたペットボトルを選んだ乳児です。蓋がついていても「入れる＝ペットボトルの口」なのが乳児の発想です。口のあいているペットボトルをみつける様子はありません。しばらくすると、保育者に「あけて」と伝えて蓋をはずしてもらい、ストローを入れはじめました。

小さな穴のあいた浅い箱に長いストローを入れはじめましたが、ストローが長すぎて入りません。押し込んで入れようと繰り返し努力しますがそれでも入りません。

考えたよ

そこで

ストローの長さを考えて容器をみつける。

容器を変更し、長い円筒型の容器に長いストローを入れていきました。大成功。

底のないペットボトルを手に、ストローを入れて遊びはじめましたが、口から落ちることに気づき、蓋のあるペットボトルをみつけました。

気づいたよ

工夫したよ

落ちることを意識して、底に箱を置いています。すごい工夫ですね。

底のないペットボトルを床に置いてストローを入れます。

考えたよ

短いストローは小さいペットボトルにと、容器の長さに合わせて考えて入れていきます。

作品展

入れて遊ぶ行為を造形にしています。テーマに合わせて、入れる材料・容器で工夫しましょう。

0歳児・ヒヨコ
（卵パックに入れて）

1歳児・コックさん
（洗濯ネットに入れて）

1歳児・コックさん
（パンの袋に入れて）

0歳児・クリスマスリース
（トイレットペーパー芯に入れて）

ポイント and アドバイス

- 容器にいろいろな変化をもたせることで、入れる・出すことの工夫が見られます。（不親切保育）
- ストローの長さに長・短をつけたことにより容器の高さに気づきます。（気づきの保育）
- 黒い紙で巻いた容器には、ほとんどの乳児は興味を示しません。透明の容器だと中に入っている量を確認しながら、入れたり出したりを繰り返し楽しみます。こういった行為には、乳児の集中力や根気を育てる効果があります。

0歳児

入れて楽しむ

スポンジ・カプセルトイであそぶ

スポンジの感触を楽しみながらペットボトルの入れ口をみつけて遊びます。どのような工夫をするか見守りましょう。

用意するもの

- ペットボトル(底のないもの・穴をあけたもの)
- スポンジ(いろいろな形に切ったもの)

窓や底の部分の切り口はビニールテープで保護する。

スポンジ

スポンジに興味があるようです。なめて遊びはじめました。

ぼくもいっぱい入れよう!

底から入れています。

工夫

どう?いっぱいになった?

押し込んで!

いっぱい入れて。

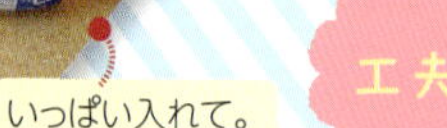

工夫

「ぎゅう!ぎゅう!」いっぱいになりました!

まだ入るかな?

作品展

0歳児・ヒヨコ
(スポンジを入れて)

ポイント and アドバイス

- ペットボトルはいろいろな切り口を作りましょう。乳児の遊ぶ心や気づき、集中力が育ちます。
- スポンジは入る大きさばかりにせず、いろいろな形のものを作ります。入らないものでも握ると小さくなることに気づきます。全て同じ形では工夫や考える経験ができません。

カプセルトイ

大きな箱の穴にカプセルトイを入れて遊びます。入れたら次は穴に手を突っ込んで取り出します。入れたり出したりの繰り返しを楽しみます。

用意するもの

- 空箱（穴をあけたもの）
- カプセルトイ

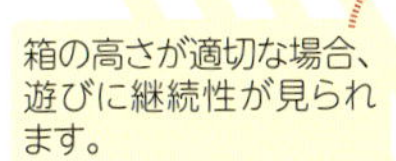

箱の高さが適切な場合、遊びに継続性が見られます。

配慮・考慮

大好きなカプセルトイを箱に入れて遊ぶ活動ですが、遊びに継続性が見られない場合がありました。理由としては次のような点が考えられます。

・0歳児が取り出すには、箱が高すぎる。
（入れる・出すの繰り返しが集中力につながる。）
・紙箱の場合は中身の確認ができにくい。
（中身が見える透明素材は根気・意欲に結びつく。）

1歳児なら十分クリアできるものですが、0歳児には少し無理があったようです。発達に合わせた材料への配慮は子どもの意欲や集中力にかなりの影響を与えます。

この場合は箱に出口を作りましょう。入れたカプセルトイが転げ出ることでまた入れるという意欲に結びつきます。繰り返しの遊びが継続性・持続性を高めます。

段ボール箱であそぶ

段ボール箱が大好きな乳児。箱の中に入ると気持ちはすっかりお風呂気分なのかな？それぞれに段ボール箱を確保すると、一人一人の表情が安定するのはどうしてなのでしょうか？

用意するもの

- 段ボール箱（底あり・底なし）
- しかけのある段ボール箱（ペットボトル・カプセルトイ・テープ芯・エアーパッキン・卵パック・ナイロンひも）

作り方

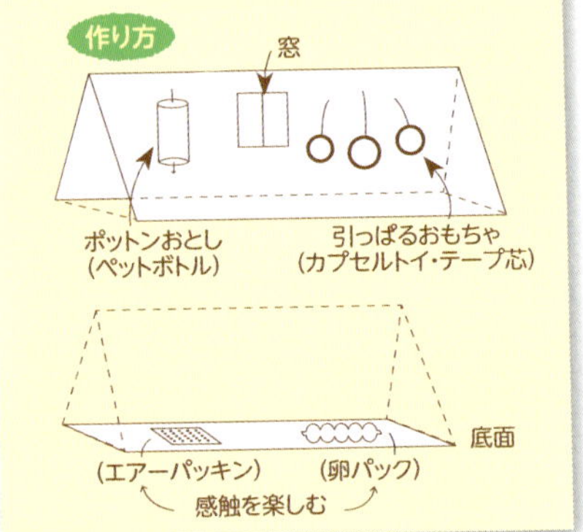

段ボール箱をみつけるとそれぞれの遊び方が見られます。

押して歩いてみたり…。

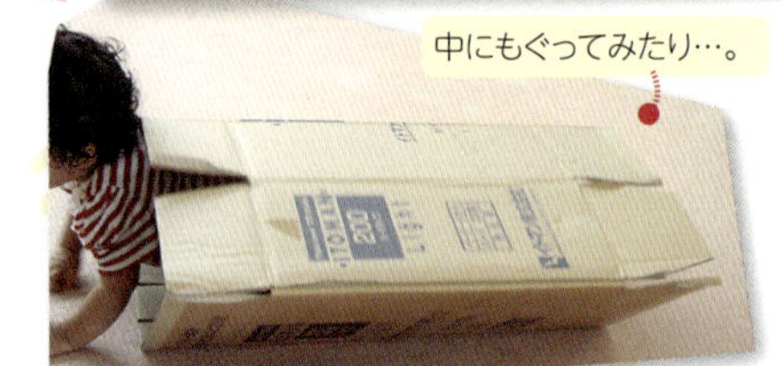

中にもぐってみたり…。

ぼく
入れるかなぁ？
一応、
ぼくの分として
取っておこう！
NO.13

ちょっと小さいけど…。

しかけのある段ボール箱が出てくると…

保育者に引っぱってもらって…。

底が抜けそうで…。

なんだかお風呂気分です。

ポイント and アドバイス

- 遊ぶ材料の与え方はいろいろです。直接渡す・手の届く位置に置く・取りに行けるところに置くなどですが、大切なのは自分の力でどう扱って遊ぶかです。子どもが何をするかに注目し、見守るようにしましょう。
- 自分で遊びをみつけてよく遊んでいるときは、その活動がその子の成長に合ったものだと理解しましょう。また自分で好きな遊びや場所をみつけられるよう、遊びへの支援・援助は大切です。

「窓からバァ」保育者の共感の言葉に大喜びです。

これを引っぱると…
あっ動いた
気づいたよ

緑色のカプセルトイを引っぱると赤いカプセルトイが動くことに不思議そうな表情です。何度か試すことでしかけに納得。理解したようです。

いないいない
バァ

お気に入りで何回も繰り返しています。床面には卵パックがあり、音や感触も楽しめます。

いろいろなしかけに大喜び。1つずつ確かめるように開けたり閉めたり、入れたり出したり、自分で好きな場所をみつけて遊び、探索活動が十分できる環境を用意しましょう。

ぼくも入りたいよ!

みんなの様子を見て、必死に腹ばいで前進していきます。好奇心の育ちが見られます。

作品展

サンタさんのおうちです。
ひもを引っぱると煙突からサンタさんが登場します。

泡立て器とシャモジで作ったサンタさん。
入れたり出したり、音も楽しめます。

0歳児

大きな紙になぐり描き

普段とは違う大きな紙になぐり描きをして楽しみます。コーナーに貼った紙面に興味津々。いろいろなきっかけに0歳児がどのように関わってなぐり描きをするのかを見ていきます。

●●● 用意するもの ●●●

- 模造紙（無地のもの・線を引いたもの・シールを貼ったもの・ケーキの形を貼ったもの）
- クレパス®

1日目 無地の模造紙

大きな紙面に乳児は大喜びです。まずは自分の描く場所を探し、場所取りします。

ぼく、ここでがんばる

こんな隅っこあいていたよ

大きな紙面に、腕を大きく動かして大胆に表現を楽しみました。立って描いたので、ほとんど上の部分に描いています。

作品展

サンタさんのおうち

新聞紙で遊んだものを紙袋に入れて作りました。シール貼りやなぐり描きをして「素敵なおうち」になりました。

作り方

切り込みを入れる

屋根

紙袋

おうち

3日目 シールを貼った模造紙

紙面のシールが気になるのでしょうか？ 背伸びをしたりしゃがみ込んだり、いろいろな体勢を取りながらシールのあるところからなぐり描きを始めます。

ほとんどの乳児はシールを意識してなぐり描きを楽しんでいました。下の空間にも気づくようにと下部にもシールを貼ってみましたが…。

※クレパスは株式会社サクラクレパスの登録商標です。クレパスの普通名称は、オイルパステルです。

ポイント and アドバイス

- 0歳児後半から1歳児にかけて、大・小を理解する発達が見られます。空間を認識する能力の一つで、紙面ときっかけを読みとって、大きく描いたり小さく描いたりと紙の大きさに合わせて手の動きをコントロールできる育ちです。また、線・点・模様などのきっかけを意識して、関連づけ、描きはじめるのもこの年齢です。

左利きの子どもです。
いつも左手で描きます。

2日目
線を引いた模造紙

縦線を意識して描いていきます。

線を意識しながらなぐり描きを楽しんでいます。

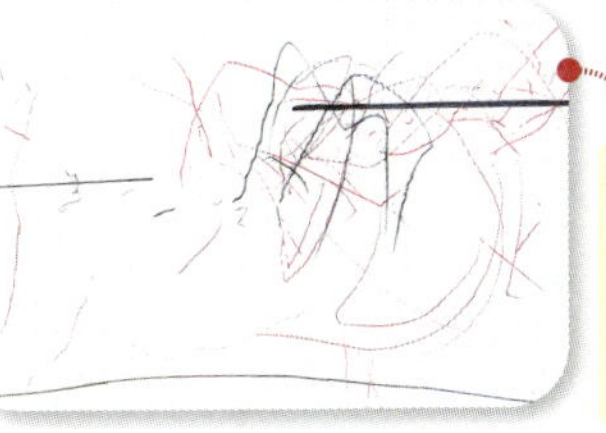

横線をかなり意識してなぐり描きを楽しんでいます。特にはっきり見える太い線への関心は高くなっています。はっきり見えることで、なぐり描きへの関心が高められているのでしょう。下の横線は立って描くため眼中に入りにくい位置にあるのだと考えられます。

横線に比べ、縦線は乳児には意識しにくい線だと考えられます。

4日目
ケーキのある模造紙

イチゴとろうそくがかなりお気に入りのようで、まわりにどんどん描いていきます。

ケーキの形を意識してなぐり描きを楽しんでいます。
ケーキを下の方に貼ったので座って描く姿が多く見られました。

0・1歳児

くるくるまわして

ボトルキャップであそぶ

飲み物を飲む容器としてペットボトルは乳児にとっても日常的なものとなっています。ボトルキャップにも興味をもち、開け閉めができるようになる年齢です。くるくるとまわす行為を遊びにしてみましょう。メーカーによって多少違うキャップに苦戦します。

用意するもの

- ペットボトル
- ボトルキャップ（大・小）
- 段ボール箱
- ビニールテープ

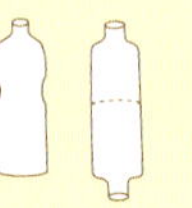

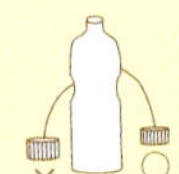

キャップにビニールテープを巻く。

サイズの違うボトルキャップをつけておく。

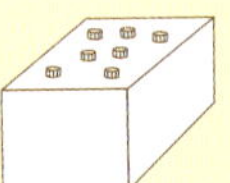

段ボール箱にボトルキャップを接着剤で固定しておく。

ペットボトルにはビニールテープを貼っておきます。

最初はボトルキャップ。

考えているよ

ボトルキャップにペットボトルをくるくるとまわしていますが、なかなかうまく入りません。それでも入れようとくるくるまわして…。やっぱり無理なようです。

ポイント and アドバイス

- ペットボトルは１歳児の手で持って負担にならないサイズのものを使います。
- ペットボトルとボトルキャップの色は同色でセットにしておきます。そのことに子どもが気づくのを待ちましょう。

あっ もうちょっとで入る！

次は青色テープのついたペットボトルで挑戦します。なんとなくできたようです。

まわしてもなかなか入らないので、ペットボトルを押しつけています。

大・小のボトルキャップを手に持ってくるくるとまわし、正しいのはどちらなのか確かめています。

確かめているよ

夢中になっているよ

1つ目は上手にできたので2つ目に挑戦中です。座り込んで夢中になっている様子がうかがえます。

両手に持ってくるくるとまわしていますが、うまくできません。

長いペットボトルにボトルキャップをどのように工夫してまわしていくのか、気づきの様子を見ていきましょう。

2個連結のペットボトルを足にはさみ込んだり、床に押さえつけて固定し、ボトルキャップをまわしはじめます。

ペットボトルとボトルキャップをみつけると思い思いに遊びはじめます。

何度も閉めようと挑戦しますが閉められません。

開け閉めしながら中に入れて遊ぶことに夢中になっているようです。

気づき

手でしっかり持って閉めるとやりやすいことに気づきました。

繰り返し遊んでいきました。

気づき

繰り返し遊ぶなかで手で口の部分やペットボトルをしっかり持つとボトルキャップが閉めやすくなることに1歳児は気づきました。

0歳児

引っぱって楽しむ

テープであそぶ

引っぱるとバサバサとする音や透明で色合いの美しい素材は引っぱる活動に適しています。容器からだけでなく、部屋のロッカーやタンスにも楽しいしかけがあると乳児も大喜びですね。

用意するもの

- テープ（ポリエチレン製）
- ペットボトル
- ラップフィルム芯

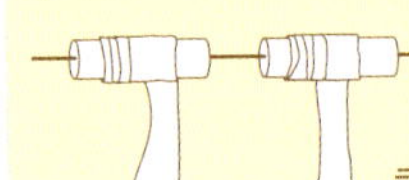

ラップフィルム芯にテープを巻く。

細い紙芯にテープを巻いてペットボトルの中に入れ、飛び出さないように上に蓋をする。

ポイント and アドバイス

- 容器にたくさん入れると引っぱったときにからんで出にくくなり、興味が半減します。長さを保障するのではなく、少量で個数を用意するとよいでしょう。
- 0歳児はつい座っての活動が多くなりがちです。高めの位置のしかけを作ることも大切ですね。

ワッ！
こんなところにもあった。
引っぱってみよう！

あれ
もう終わりかな？

タンスの引き出しにしかけたテープを発見。引っぱるとカラカラと出てきて大喜びです。

テープがからんで出なくなったようです。

カラカラと音を立てて動く芯に興味をもったようです。手で動きを止めようとしていますね。

容器の中に入っているテープを懸命に引っぱり出そうとします。

出したテープを容器に入れようとしています。

力いっぱい引っぱり出した長さです。

1歳児

引っぱって楽しむ

いろいろなしかけのテープであそぶ

空箱やクリアケース、壁を使って引っぱり出すしかけを作ってみましょう。カラカラと出てくるテープの楽しさに魅力を感じるはずです。

ポイント and アドバイス

- テープのしかけは子どもたちの経験に合わせましょう。準備したすべてのしかけを一度に出すのではなく、子どもの活動の状況に合わせて展開させましょう。
- 順次にしかけと出会うことで意欲や活動の継続性は増します。保育者の工夫によって子どもの根気の変化が確認できます。

用意するもの

- テープ（ポリエチレン製）
- 空箱
- クリアケース（ファスナーつき）
- ナイロン袋
- 芯材
- ゴミ袋

ロッカーの引き出しにもしかけています。気づいてくれるかな？

ゴミ袋の中にも入れて壁に貼ってみます。中身が見えるので興味津々。

たこ上げ
みたい

ナイロン袋からも出てきます。引きずって歩く姿も見られます。

空間につるしたテープを引っぱって大胆に動きます。

見て！
こんなにたくさん
あったよ！

ぼくの背より
長い〜！
あれ！
まだ出るかな？

工夫

紙箱から引っぱり出しています。引っぱりやすくするために箱を押さえています。

クリアケースの中にも芯材に巻きつけたテープが入っています。ファスナーの開閉に興味をもつきっかけになります。

引っぱって楽しむ

つまんであそぶ（ピンセットあそび）

握って引っぱる、または親指と人差し指でつまんで引っぱる遊びです。0歳児の指先の力は意外と強いものです。指先をしっかり使うことは発達の成長を助けます。片方を引っぱるともう片方が上がる。またつまみ上げて離すと落ちる。そんなしかけを繰り返しできる手づくりおもちゃで引っぱる行為を楽しんでみましょう。

ポイント and アドバイス

- 乳児の発達に合わせてぶらさがるもののひもの長さを調整します。引っぱると音が鳴るように、カプセルトイの中に鈴を入れるなどの工夫をするのも興味づけに結びつきます。
- 箱が深いほどつまみ上げが長くなります。おもりも重くすれば早く落下します。全部同じにしないで長い・短い・重い・軽いといった変化をつけて、違いに気づくようにしてみましょう。しかけは箱の側面にもあるといいですね。

揺れ動くのでうまく引っぱれません。

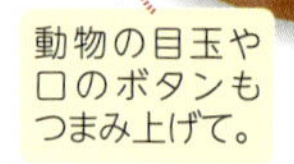

動物の目玉や口のボタンもつまみ上げて。

クマの目玉をつまんで引っぱったり離したり。

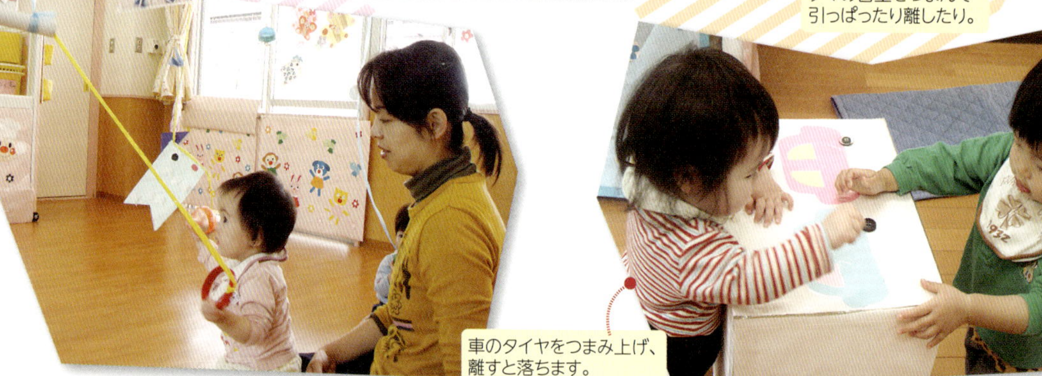

車のタイヤをつまみ上げ、離すと落ちます。

用意するもの

- 芯材（ラップフィルム芯・セロハンテープ芯など）
- カプセルトイ
- 段ボール箱
- ボタン
- おもり（小石など）
- ひも
- 色画用紙

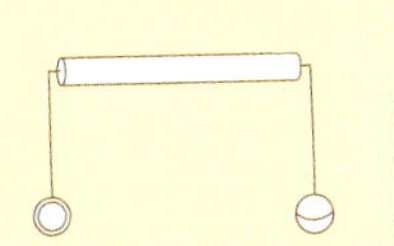

—タイヤのボタン—
上からの図

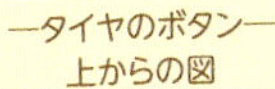

横から見た箱の中の様子

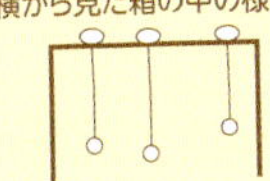

—リンゴ—
横からの図

横から見た箱の中の様子

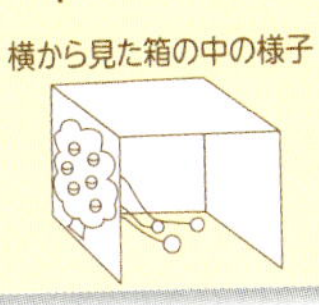

応用編

ピンセット遊び

10か月を過ぎると親指と人差し指の2本でつまむことができるようになります。ピンセットのように2本指で動かすことから、つまむ遊びを「ピンセット遊び」と呼びます。

0歳児 あけて! あけて!

プレゼントが来たよ!

大きな袋がお部屋に届きます。乳児たちは大喜びで駆け寄り、袋をあけました。たくさんのプレゼントを手にした一人一人の興味の示すところや夢中にさせるものを見ていきましょう。

用意するもの

- プレゼント（色模造紙でストロー・ペットボトル・紙芯などを包んだもの）
- ゴミ袋（透明）
- リボン

包み方

興味の違いは?

・あけることに集中する。
・出てきたもので遊ぶ。

夢中にさせる要素は?

・包みにいろいろな色がある。
・乳児の手でも簡単にあけられる包み方。
・包みに大小のサイズがある。（小さく手軽にあけられるものは気持ちを育てる。）

1・2歳児の場合は出てきた素材に興味をもち、あける行為よりも素材を使っての遊びに展開していきます。夢中になれるものを用意するとよいでしょう。

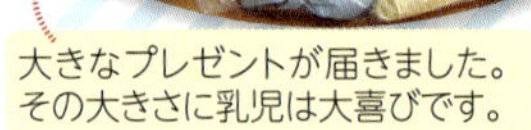

大きなプレゼントが届きました。その大きさに乳児は大喜びです。

必死にリボンを引っぱり袋をあけようとします。普段から何事にも興味をもって活動をする乳児です。

Aくん　黄色のプレゼントをあけて中身を取り出しましたが興味はないようです。すぐさま床に捨てました。

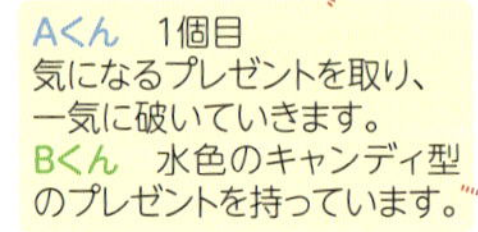

Aくん　1個目
気になるプレゼントを取り、一気に破いていきます。
Bくん　水色のキャンディ型のプレゼントを持っています。

Aくん　2個目
黄色のプレゼントを持ちました。
Bくん　キャンディ型のプレゼントが気に入ったようで、何回も手に取り見ては振って中身を確かめようとしています。

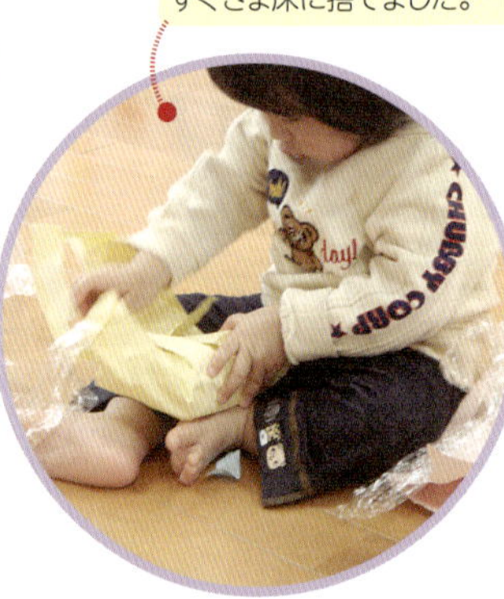

ポイント and アドバイス

- 包みをあけ、中の素材との関わりを見る場合には、音の鳴るものは入れない方がよいでしょう。音に興味づいてあける行為が少なくなります。
- プレゼントの大きさ・包み方の違い・包み紙の色数などが多様にあると、色や形に興味づいて夢中になっていきます。工夫をしてみましょう。
- プレゼントをあけて取り出したものとどう関わるのかが大切です。一人一人の興味を見守りましょう。

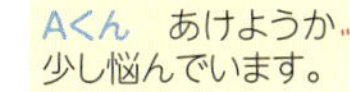
Aくん　あけようか少し悩んでいます。

Aくん　4個目
ピンク色のキャンディ型のプレゼントです。意気込んであけますが、大きすぎて苦労しています。
Bくん　さっきの紙芯で遊んでいます。

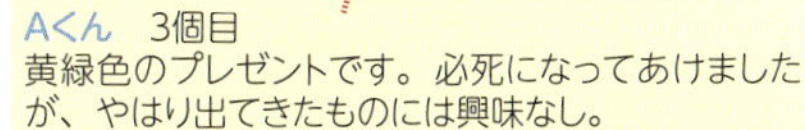
Aくん　3個目
黄緑色のプレゼントです。必死になってあけましたが、やはり出てきたものには興味なし。
Bくん　お気に入りのキャンディ型のプレゼントを床におきAくんの取り出した紙芯を取って遊びだします。

Aくん　5個目
ピンク色のキャンディ型のプレゼントをあけようと、集中して挑戦したのですが諦めました。次に小さめのプレゼントを手に取り、こちらはすぐに成功しました。

Aくん　6個目

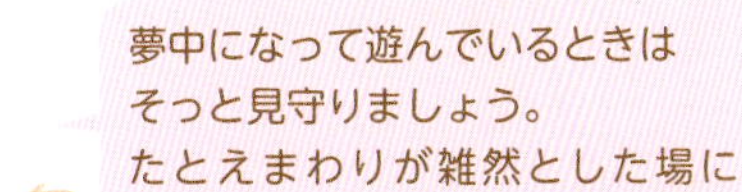

Aくん　7個目
Cちゃん　出てきた紙芯を持ち、近くにあったペットボトルをみつけて遊んでいます。

夢中になって遊んでいるときはそっと見守りましょう。
たとえまわりが雑然とした場になっても、見守ることは大切な支援です。

Aくん　8個目

Aくん　9個目
Bくんの後ろで黙々と包みをあけています。

Aくん　10個目
1時間ほど遊びました。集中力と根気に保育者たちは感動です。

1歳児

感触を楽しむ

キャベツであそぶ

むいてもむいても葉っぱばかりのキャベツは集中力と根気で向き合う材料です。葉脈に気づいて筋とりをしたり、パキパキと鳴る音や香りに興味づいたりと、遊びの展開は様々です。

●●● 用意するもの ●●●

- キャベツ（1玉・1/2玉・1/4玉）
- 容器（カップなど）

自分のキャベツを確保する。

キャベツの入っていた袋をみつけて集めだします。

手で葉をむく・ちぎる。

1枚ずつ葉をむき、ちぎっていく様子を見守りましょう。葉をちぎるときの音やすべすべした感触を味わいながら、どのように興味づいていくのか様子を見ていきます。

香りを楽しんでいます。

自分の顔にあてて、冷たい感触を確かめています。

穴のあいたキャベツをみつけ、保育者におどけてみせました。

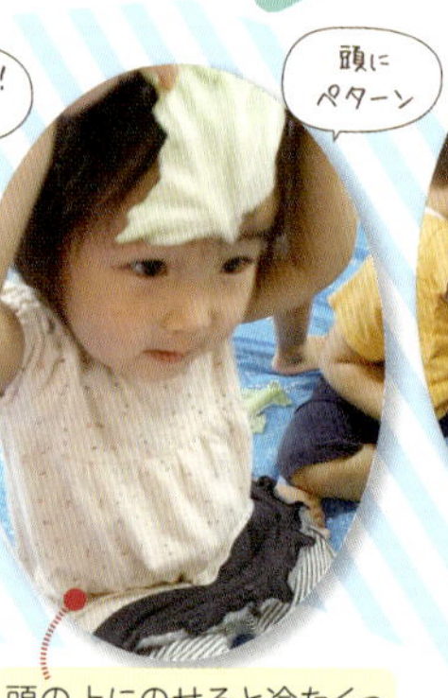

頭の上にのせると冷たくっていい気持ち。氷のう代わりになったようです。

手でゴシゴシもんでいます。しなやかになっていく様子に「あれ？」と不思議そうに見入っています。

寝そべって、足の上にキャベツをのせ、感触を楽しんでいます。

確保したキャベツの量で子どもたちの力関係や関わり方が見えます。自己主張ができ、リーダー的な存在の子どもは、一早くキャベツを手に入れて遊びはじめます。遠慮がちで大人しい子どもは、葉をむく子どもの横に座り、葉をもらってちぎる・集めるなどの活動をします。自然と役割分担ができる様子も大切に見ていきましょう。

Cちゃん
Bちゃん
Aちゃん

3人になんとなく役割ができました。

Aちゃん　葉をむく役割で夢中に1枚1枚むいていきます。
Bちゃん　むかれた葉を細かくちぎっていきます。パキパキと鳴る音を楽しんでいます。
Cちゃん　Bちゃんのちぎった葉を集める役割を楽しんでいます。

ポイント and アドバイス

- キャベツは季節によって高価になる場合があります。できるだけ安価なときに活動しましょう。
- キャベツの量は子どもたちの関わり方に変化をもたらせますので、人数に合わせて用意してください。3～4人で1個（1玉・1/2玉・1/4玉）を分けるようにするとよいでしょう。
- ボイルしたキャベツは生キャベツとはまた違った感触が味わえます。（レンジで温めて、充分に冷ましてから使ってください。）
- キャベツの感触を充分に味わってから容器などを出しましょう。出すタイミングは活動の様子に合わせるのが大切です。

4人で仲良くむいています。

ごっこ遊び

ごちそう
できたよ！

容器に入れて、ごっこ遊びになります。

ごはんできたよ
お好み焼こうっと！

細かくちぎって、ごちそうができました。お好み焼きになるそうです。

部屋の隅っこで仲良くごっこ遊びを始めました。

0・1歳児

感触を楽しむ

小麦粉粘土であそぶ

用意するもの

- 小麦粉　●色水（食紅）　●ホース　●容器（トレー・カップなど）
- 油（小麦粉に少量入れて練ることで手にくっつきにくくなります。）
- 塩（防腐作用があります。）　●おもちゃの包丁

ネチネチした感触を嫌がる乳児が最近は増えています。そうならないためにも、まずは粉から遊びます。保育者が作った粘土を使って遊ぶのではなく、自分たちで粘土を作ることから活動を始めましょう。

最初に小麦粉のサラサラとした感触を楽しみ、次に色水を加えて練っていきます。小麦粉が粘土に変化していく様子を目の前で見ると、子どもたちは誰もが興味をもって手に取り遊びはじめます。自分で作った粘土への愛着心は意欲・集中力といった形で遊びにつながります。（粘土づくりの経験は1歳児からできます。）

粉から遊びに入ります。粉のサラサラ感や握った感触を楽しみましょう。粘土を手にすると、触る・指を突っ込む・ちぎる・つまむなどの行為が見られ、カップなどの容器を出すと、入れたり出したりの活動が始まります。

小麦粉で遊びます。

自分の足の上に小麦粉をのせて遊びます。

保育者のお手本を興味深く見ています。

色水を加えて練る。

ちぎって遊んでいましたが、カップを出すとカップに入れたり出したりして遊びはじめました。

触る・握る・指を突っ込む・つまむなどの行為の繰り返しを楽しみます。

保育者と一緒に引っぱり合って、伸びることに気づきました。

1回目
嫌がったので袋に入った粘土で遊びました。

2回目
自分から触っていきました。

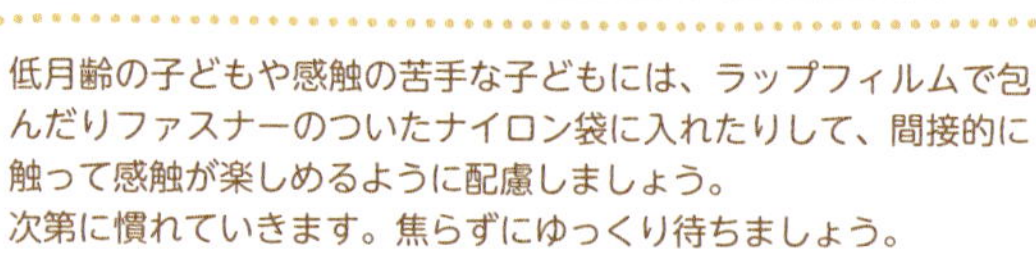

低月齢の子どもや感触の苦手な子どもには、ラップフィルムで包んだりファスナーのついたナイロン袋に入れたりして、間接的に触って感触が楽しめるように配慮しましょう。
次第に慣れていきます。焦らずにゆっくり待ちましょう。

ポイント and アドバイス

- 感触を嫌がる子どもが最近は増えていますが、自分で小麦粉に色水を加えて練り、粘土に変化していく様子を経験すると、自分で作った粘土への愛着心が強くなります。
- 油を小麦粉に少量入れることで手のべとつきがなくなります。必ず入れましょう。
- 小麦粉粘土は、室温や子どもの手のぬくもりで発酵して柔らかくなるため、堅めに作ることがポイントです。
- 活動後の机の上にくっつき固まった粘土の処理は、定規でこすり落とすと簡単に掃除できます。
- アレルギー体質の子どもへの配慮を徹底しましょう。
- 活動を終えた作品は常温で放置すると発酵し、腐ります。そのまま冷蔵庫に1週間ほど入れておきましょう。長期保存が可能になります。

1歳児

0歳児同様、粉で遊び、その後色水を入れて小麦粉粘土づくりをしました。手足にくっついた粘土を集めたり､引っぱったり。まるめる・伸ばす・たたく・ちぎるなどしながら見立て遊びが広がります。

ブーブー
できた
ウサギさん
できた

平たく伸ばしたものに、小さくちぎった粘土をくっつけています。ウサギに見立てています。

大きな固まりの粘土を手で平たく伸ばし、穴をあけています。車になりました。

小さくちぎって遊んでいます。

まるめては伸ばしての繰り返しを楽しみます。

友達の粘土と混ぜて大きな固まりにしていきます。ケーキだそうです。

2・3歳児

2・3歳児はごっこ遊びから、ごちそうづくり遊びになっていきます。トレーやカップなど、よりごっこ遊びに夢中になる材料を用意しましょう。

作品展

お弁当

うどん

ピザ

カニカマ

目玉焼き
もう1個
作ろう!

おにぎりやウインナーが入っています。ソラ豆も入れて、おいしそうになってきました。

たこ焼き
作ろう!

ホースで型ぬきをしています。

包丁でみじん切りを始めました。

1歳児

感触を楽しむ

糸コンニャクであそぶ

糸コンニャクのプルプルとした弾力感は出会ったことのない不思議な感触です。つかもうとしても滑ってしまうヌメリ感や冷たさを思いきり味わいましょう。

用意するもの

- 糸コンニャク
- 食紅
- 容器（カップなど）
- ごっこ遊びの道具（まな板・包丁・鍋など）
- フォーク

ポイント and アドバイス

- 糸コンニャクは切らずにそのままの長さで遊びます。
- 独特の匂いがするので水洗いし、煮沸してから使いましょう。
- 食紅で着色した糸コンニャクを活動の途中で用意すると、より集中して遊びが広がっていきます。
- 床が滑りやすくなります。散らばった糸コンニャクはこまめに集めるようにしましょう。

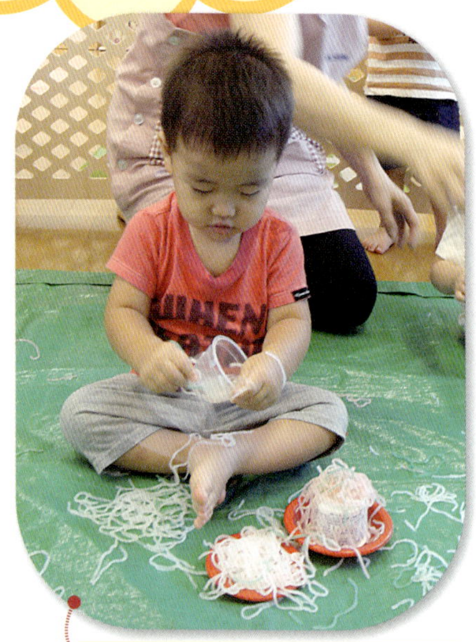

容器にたくさん集め、握りしめたり引っぱったりして弾力感を確かめています。

足の上にのせ、冷たくひんやりとした感触を味わっています。

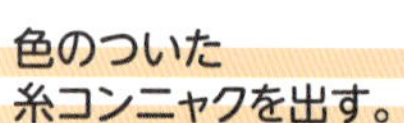

色のついた糸コンニャクを出す。

ごっこ遊びになっていきます。

まな板と包丁をみつけ、糸コンニャクをトントンと切りはじめました。見事な包丁さばきです。

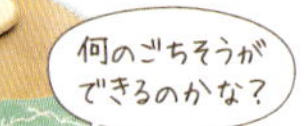

鍋にフォークで入れたり出したり、ままごと遊びを楽しんでいます。

応用

- 板コンニャク
- 茹でた春雨
- 茹でたスパゲティ

1歳児

感触を楽しむ

寒天であそぶ

加える水の量で寒天のかたさを調整できます。しっとり感、プルプル感など、同じ素材での感触の違いを楽しめるといいですね。

ポイント and アドバイス

- 食紅で着色してカラフルな寒天を作りましょう。色に興味を示し、取り組みも楽しくなって集中力も高まります。バニラエッセンスで香りをつけると、よりごっこ気分になります。色や匂いにつられて口にするかもしれません。食品と安心せずに注意しましょう。
- 容器やスプーンを用意することで夢中になり、持続性が高まります。ごっこ的要素になるよう、環境を整えましょう。

用意するもの

- 寒天（粉寒天・棒寒天など）
- 食紅
- トレー
- ボール
- スプーン
- パフェ用容器（ペットボトル・カップなどで作る）

作り方

①大きなペットボトルの上部分をカットする。
②小さなペットボトルの上部分をカットする。
③カットした上部分の口と口を合わせてビニールテープでとめる。

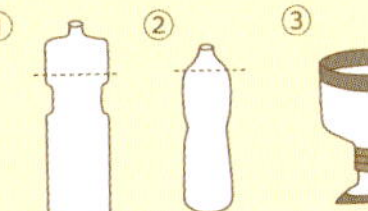
①
②

③
大きなペットボトル
小さなペットボトル

つんつん
あれ！堅いね

プルプルに張った表面に遠慮がちに指を突っ込んでいきます。緊張感が伝わります。

手で握り込むと指の間からグチャグチャと出ていく感触を楽しみながら、容器に入れたり出したりしています。

スプーンですくって自分や友達の頭の上に。冷たさが気持ちいいのでしょうか？

雨が
ふってきたよ

寒天でいっぱい遊んだ後は、パフェづくりを楽しみます。

手でつかんだりスプーンで上手に入れたり…。

この黄色
たくさん入れよう！
ジュース
みたいになるね！

いろいろな色の寒天をスプーンですくって入れていきます。

できあがり！

1歳児

化粧用パフを使って

絵の具でぬたくりあそび

用意するもの

- 段ボール（ニワトリ型・卵型）
- 絵の具
- 化粧用パフ
- スタンプ台

化粧用パフに絵の具をつけて、思いきりぬたくり遊びを楽しんでみましょう。今回は運動会で活用したものをそのまま使って造形活動につなげています。

化粧用パフはきめが細かく紙面での滑りもよく、絵の具の吸収も他のスポンジのようには多くないので描くときに絵の具が無駄に垂れることもありません。程よいサイズなので乳児には持ちやすく、扱いやすい描画材料です。

両手にパフを持ってぬりぬり。小さくて持ちやすいため、活動意欲が高められます。

持ちやすさや絵の具の吸収の具合が、程よい広がりを作っていきます。同じところを何度か重ねて塗ってもボロボロにならないところが乳児には最高です。

スタンプ台の絵の具は少し濃いめにしておきます。様子を見ながら量を調整しましょう。

運動会

運動会で、お母さんニワトリの卵から産まれたヒヨコになって自由表現をしました。このニワトリと卵を使い、絵の具でぬたくり遊びをします。

ヒヨコたちはまだお母さんニワトリの卵の中にいます。

かわいいヒヨコたちがお母さんニワトリと遊んでいます。

ポイント and アドバイス

- 化粧用パフにはいろいろなサイズがあります。平らな形でなく、乳児の手で持ちやすい形のものを選んで使ってください。
- 絵の具は少し濃いめにしましょう。滑りがよりよくなります。

かなりお気に入りのようです。何度も赤の絵の具をつけては、繰り返し描くことを楽しんでいます。きめが細かいので、絵の具ののりのよさが集中力につながっています。

それぞれ自分のお気に入りの場所をみつけました。

卵から産まれた瞬間です！

思いきり絵の具のぬたくりを楽しみました。

化粧用パフに赤の絵の具をつけて、一気に描きだしました。滑りのよさに満足気です。

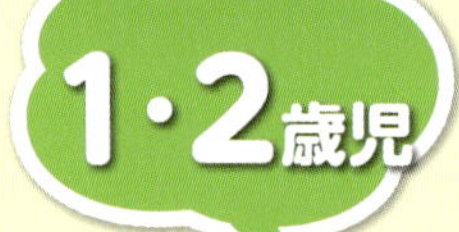

引っぱって楽しむ

トイレットペーパーであそぶ

トイレットペーパーのソフトで肌触りのよい感触は、乳児の活動に適しています。容器に詰めたり、ごっこ遊びに発展したりと、遊びは限りなく広がっていきます。最後は色水を入れて粘土づくりに挑戦しましょう。

用意するもの

- トイレットペーパー
- トイレットペーパー芯
- 物干しざお・ひもなど
- 色水（食紅）
- 水のり
- ごっこ遊びの道具（ペットボトル・カップ・トレー・卵パックなど）

トイレットペーパーの中にドボ〜ン！
子どもたちは白い固まりに大喜び。
飛び込んだり泳いだり、大はしゃぎです。

空間にぶらさがったトイレットペーパーに大喜び。引っぱって引っぱって!!

子どものイスの足元から
コロコロ〜コロコロ〜。

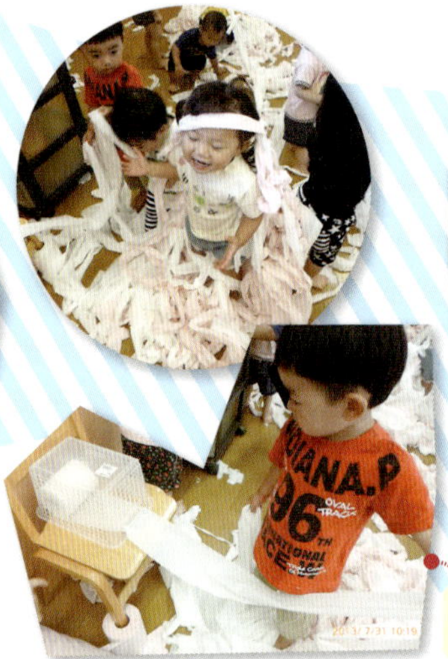

ケースの中からコロコロ〜
コロコロ〜。

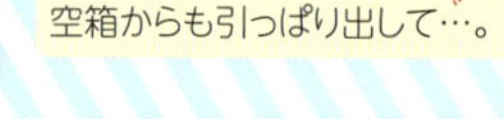

空箱からも引っぱり出して…。

ポイント and アドバイス

- 空間にぶらさげて活動するときは高めの位置に設置しましょう。上を見上げての活動は子どもの気持ちを向上させます。ひもを引っぱって活動する場合は、トイレットペーパー同士の間にトイレットペーパー芯を入れます。間隔をあけることで活動しやすくなります。（写真のように物干しざおを使うとより便利ですが、設置には安全配慮を忘れずに。）
- 容器によって入れる活動に違いが見られます。卵パックの場合には卵に、ペットボトルや牛乳パックなどの場合には牛乳になります。見立ての違いを見ながら一人一人の興味を大切に見守りましょう。
- トイレットペーパー粘土を作るときは、色水に水のりも加えると作ったものがしっかりと固まります。それを自然乾燥すると長期保存ができます。

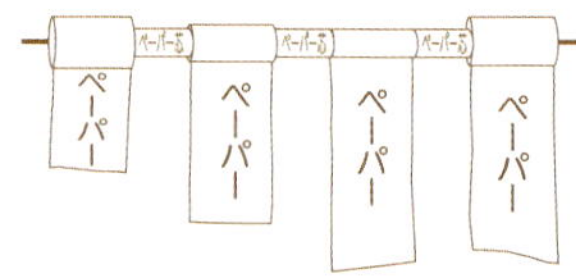

おもちゃのトレーも持ち出してごっこ遊びが始まります。

ペットボトルに詰めていきます。

卵パックにたくさん詰めています。

カップに入れています。

トイレットペーパー粘土を作ろう。

活動を終えたトイレットペーパーは、色水を加えて練ると簡単に粘土へと変身します。

トレーにトイレットペーパーと色水を入れて、くちゅくちゅと感触を味わいながら練っていきます。

1・2歳児

ひも通しあそび

毛糸やリボンにストロー・ビーズ・スポンジ・穴をあけた画用紙などを通して遊びます。じっと一点を見る能力や指先を使う活動は集中力を育てます。小さな穴にひもを通していくには根気も必要です。一人一人の能力に合わせた活動を見守りましょう。

用意するもの

- ひも（毛糸やリボンなど）
- セロハンテープ
- ストロー（短く切ったもの）
- まくらのビーズ
- スポンジ
- 大きめのビーズ
- 画用紙（穴をあけたもの）
- フェルト
- 発泡スチロール皿
- マカロニ

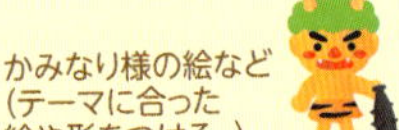

(例)
穴に通しやすいようにセロハンテープを巻く。

かみなり様の絵など（テーマに合った絵や形をつける。）

1歳児 線のひも通しあそび

通し方や材料の選び方にも、その子どものこだわりが見られます。

指先を器用に使って通していきます。

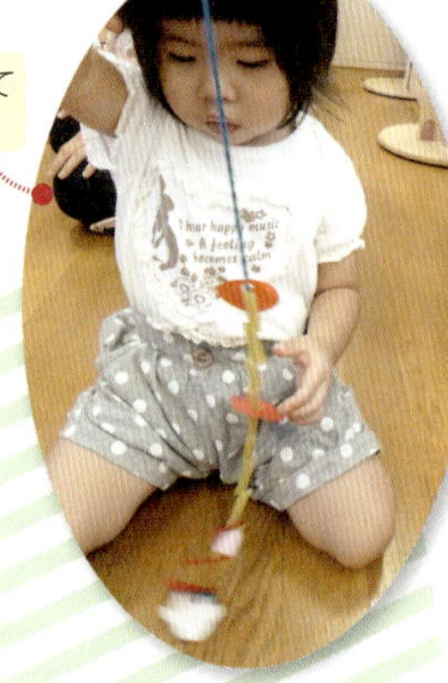

夢中になって通して遊びます。

上手にひもを引っぱり上げています。

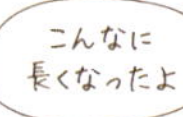

こんなに長くなったよ

友達と長さを比べ合ったりしながら通すことを楽しみます。

ポイント and アドバイス

- 穴をあけた画用紙やフェルト、発泡スチロール皿は厚みが薄いので、たくさん通しても長さにはつながりません。ストローやマカロニには長さがあるので、ひも通し遊びの長くなったという満足感を味わうには大切な材料になります。材料の組み合わせは活動を夢中させることと深く結びつきます。
- 身の回りにあるものや市販の材料など、材料探しや準備を楽しんでください。

2歳児

面のひも通しあそび

はらぺこあおむし

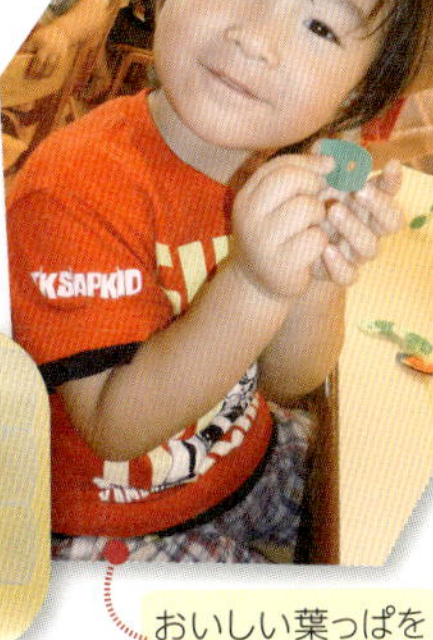

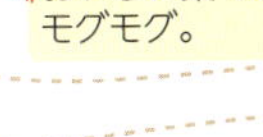

おいしい葉っぱをモグモグ。

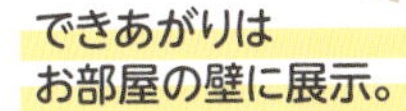

できあがりは
お部屋の壁に展示。

リンゴ

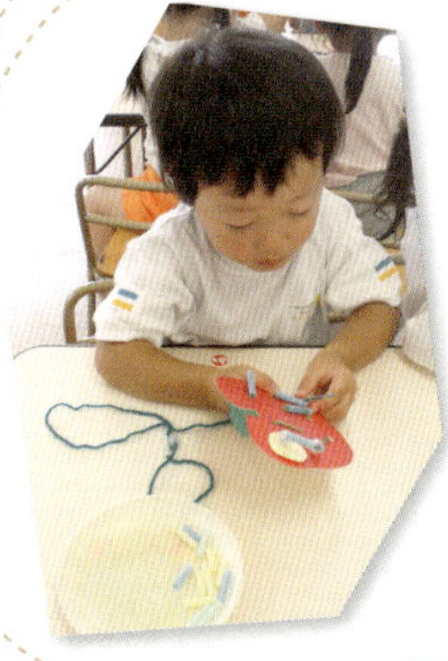

ポイント and アドバイス

- ひもが長すぎると集中力が続きません。最初は「やった！」と達成感が味わえる長さにしましょう。ひもの長さの目安は乳児が片手を伸ばした長さが最長だと考えるとよいでしょう。
- 穴に通しやすいよう、ひもの先端にはセロハンテープを巻いて固めておきます。もう片方にはテーマに応じた絵や形をつけましょう。かわいらしさとともに遊びの目的をはっきりと捉えた活動になります。
- ひもの太さと材料の穴の大きさは大切な関係です。楽に通せる大きさの穴にしてください。

クリスマスリース

5歳児

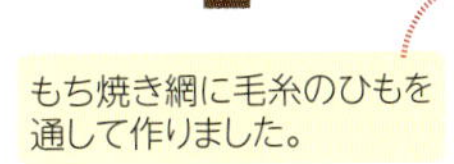

もち焼き網に毛糸のひもを通して作りました。

1歳児

入れたり差し込んだりを楽しむ

芯材であそぶ

しかけのあるスタンド・かばんと芯材を使って遊びます。差し込む・入れる行為に対する子どもたちの捉え方の違いを見ていきましょう。

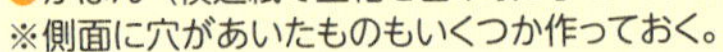

●●● 用意するもの ●●●

●芯材（テープ芯・ラップフィルム芯など）
●スタンド（模造紙で空箱を包み芯材をつけたもの）
●かばん（模造紙で空箱を包み取っ手をつけたもの）
※側面に穴があいたものもいくつか作っておく。

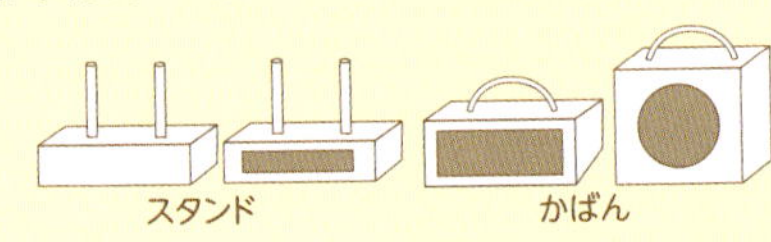

スタンドと芯材を保育室に置きました。興味津々の子どもたちはお気に入りをみつけ、触ることから活動を始めます。

ラップフィルム芯をテープ芯に差し込んでいきます。

大きな穴に芯材を入れて遊びだしました。

かばんが気に入ったのか、まずはピンクのかばんを自分の横にキープし、テープ芯に腕を通して遊びはじめました。

芯材をかばんの穴に入れる様子はありません。芯材は差し込むものという思いがあるのでしょうか？

ポイント and アドバイス

- 差し込む・入れるきっかけをスタンドやかばんで作ります。芯材にどのように関わって遊びをみつけていくのか見守りましょう。
- 子どもたちの側面の穴に対する捉え方を見ていきます。

こんなかわいいポーズも見せてくれました。かばんを両手で持ち、まるでお母さんのよう。しかしこれは持って歩くだけのもののようです。

やはりかばんの穴には入れないようです。

芯材を2個持って差し込みます。うまく入るかな？と見守ります。

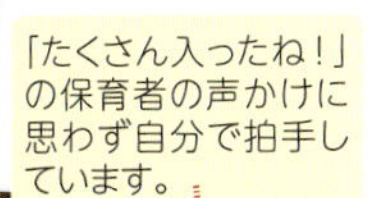

「たくさん入ったね！」の保育者の声かけに思わず自分で拍手しています。

入った やった！

友達と一緒も楽しいね。

工夫したよ

トイレットペーパー芯を小さく折って、中に入れようとしています。工夫しましたね。

女の子は黄色の芯材の中にトイレットペーパー芯を入れようとしていますが、なかなか入りません。

側面の穴には入れようとしない乳児たち。穴には気づかないのかな？それとも差し込む方が楽しいのでしょうか。

ベビーサークルに取りつけられたスタンドにも差し込んで…。

作品展

芯材を動物の体に見立てて作りました。

1・2歳児

ころっこ®であそぶ

ころっこ®は年齢の違いで楽しみ方が変化する用具の一つです。転がして写すことが目的ですが、写し方の展開に広がりをもたせて使うことができます。題材や環境に配慮し、年齢に合ったねらいの活動に活かしてみましょう。

1歳児

1日目は、魚・タコ・ワカメの形の紙にシールを貼って遊びます。2日目には、『きんぎょがにげた』の絵本を見て、ころっこ®・スポンジを使って絵の具で遊びましょう。

用意するもの

1日目
- 模造紙（魚・タコ・ワカメなどを描いたもの）
- シール

2日目
- ころっこ®
- スタンプ台
- 絵の具
- スポンジ

1日目の保育環境

床や壁に魚・タコ・ワカメの形の紙を貼っておく。

シールを好きなところに貼って遊ぶ。

立って貼ったり、座り込んで貼ったりします。

目玉を意識して貼る乳児。

2日目の保育環境

ブルーシートを海に見立てて、ころっこ®・スポンジ・絵の具を用意する。

『きんぎょがにげた』の絵本を見る。

コロコロ楽しいね

手の届く範囲でころっこ®を使って上下左右を繰り返し、色の写りや重なりを楽しみます。

ころっこ®を前に進めるとバランスが崩れます。ちょっと足を開いて調節している様子がかわいいですね。

金魚さん、青い服かわいいね！

こんな色になったよ。きれい？

※ころっこは株式会社サクラクレパスの登録商標です。

園庭に準備された大きな空間で、ころっこ®を使ってのびのびと活動します。

ペンキやさん

用意するもの

- 段ボールの家・段ボール片
- ナイロンシート（透明）
- ころっこ®
- 絵の具
- スタンプ台
- スポンジ

ころっこ®の転がし方がうまくコントロールできるようになりました。

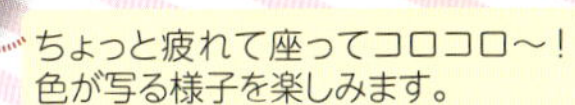

ちょっと疲れて座ってコロコロ～！
色が写る様子を楽しみます。

2歳児は歩きながらころっこ®を上下左右に自由に転がすことができています。
線も長くなりました。

スポンジでもゴシゴシぬたくって絵の具の感触を楽しんでいます。スポンジを絞って泡で楽しんだりも…。

1歳児

引っぱって楽しむ

カセットテープであそぶ

今や不用品となったカセットテープも引っぱり出すおもちゃとしては魅力たっぷりです。引っぱっても引っぱってもクルクルと出てくるテープに惹かれます。引っぱり出すときの音も乳児にはたまらない楽しさとなります。

●●● 用意するもの ●●●

●カセットテープ　●鉄板（色画用紙で作ったもの）
●おかしの箱・袋　●はさみ（保育者）

保育者にカセットテープを持ってもらい、テープを引っぱりながら後ろに下がっていきます。クルクルと出てくるテープに夢中のようです。

たくさん
引っぱり出して…

気づき

精いっぱい手を伸ばしてテープを引っぱり出しました。ピーンと引っぱると伸びることに気づいたようです。

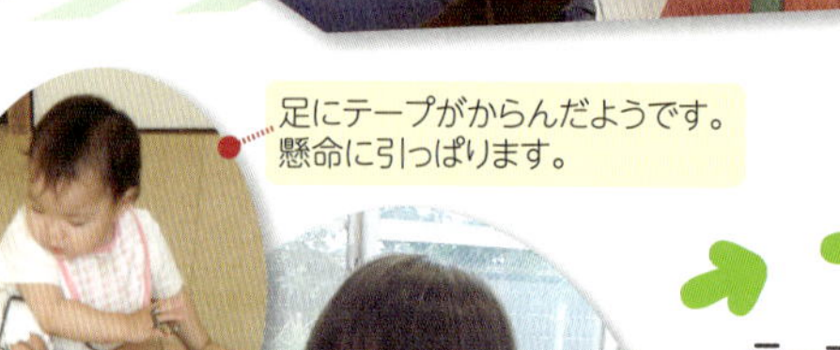

足にテープがからんだようです。懸命に引っぱります。

テープを
束にして…

見立て

モップに見立てて窓ガラスを拭きはじめました。
「ゴシゴシゴシゴシ」
お母さんの様子のまねっこですね。

こんなにいっぱいになりました。床にたまったテープを集めて満足気です。

口に入れて音を楽しんでいます。

見立て

「つるつるつるつる」と食べる真似をしています。大好きなおうどんに見立てました。

工夫

カセットテープを元に戻そうとしています。指を穴に突っ込んでクルクルまわすのですが、ちょっと無理。

ポイント and アドバイス

- 保育室でテープを持って引っぱり、走り回ると危険です。長くて引っぱっても切れない丈夫な素材ですので、保育者がはさみで適当に切りながら活動を進めましょう。安全への気配りを忘れずに。
- 使い終えたカセットテープやケースは無駄にならないように作品展などで活かすといいですね。

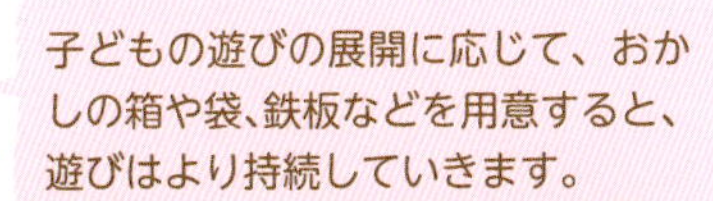

子どもの遊びの展開に応じて、おかしの箱や袋、鉄板などを用意すると、遊びはより持続していきます。

カセットをカメラに見立てて遊びだしました。写真を撮っているポーズがかっこいいです。

おかしの箱や袋、鉄板を出す。

おかしの袋の中に詰め込んでいきます。チョコレートができました。

鉄板の上にのせて焼きそばを焼いているつもりです。

作品展

子どもたちの活動で使ったカセットテープをチョコレートの町のチョコレートタワーに再活用しました。

チョコレートタワー

0歳児

からだに巻きつけて遊ぶ。

- 足にからまったテープを引っぱって遊ぶ。
- テープのかたまりを引っぱりまわして遊ぶ。
- カセットを携帯電話のように耳に当てて遊ぶ。

風にゆれる動きを楽しむ。

- カセットテープを引っぱり出す。
- 音を楽しむ。
- 風になびくテープの動きを楽しむ。
- カセットの穴にテープを差し込んで遊ぶ。

1歳児

ポンプ容器に入れて

泡でぬたくりあそび

●●● 用意するもの ●●●

- 段ボール（動物・ケーキの形を木や遊具などに固定しておく）
- 洗剤容器（ポンプ式）
- 絵の具・ボディーソープ（絵の具にボディーソープを少し混ぜておく）

手を洗いに行くと、「シュシュシュ！」と、泡遊びに夢中になってなかなか帰って来ない。また、シャンプーするのは苦手でも、シャンプー容器のポンプを押して遊ぶのは大好き。そんな乳児はたくさんいます。

押すとモコモコと出てくる泡の心地よさや、ベタベタとぬたくる感触を楽しい遊びにしてみましょう。思いきり押して、泡を作って、ぬたくって。

木陰の涼しい場所を選び、乳児が活動しやすい環境にしましょう。

赤い容器のポンプを一生懸命に押して絵の具を出しています。

BABY SHAMPOO

ちょっとこれ押して！
ダメ！ぼくの手、絵の具だらけだから

こんな会話が聞こえてきます。

どう？おいしそうになってきた？

ケーキ形の段ボールには、きっかけとしてイチゴを貼っておきました。夢中になってデコレーションを楽しんでいます。

ポイント and アドバイス

- 園庭での活動には危険が伴います。何気ないところが怪我のもと。木の枝・石ころなどの撤収や狭い空間への目配り、気配りを忘れないようにしましょう。
- 季節や時間帯に応じての活動場所選びは大切です。夏期なら木陰を選ぶようにしましょう。
- 月齢の低い乳児のために、机の上などの低位置にも環境構成をしましょう。
- 容器の絵の具の量が減ってくると出が悪くなります。様子を見ながら忘れずに補充しましょう。

繰り返すうちに、ポンプの押し方も上手になってきました。

ピンク色のポンプがお気に入りのようです。何度も繰り返し楽しんでいます。

パンダに服を着せてあげているのかな？

手のひらの赤い絵の具をペタペタして…。写った色や形に興味をもったようで、じーっと見ています。

友達と絵の具をシュシュシュ！
手のひらでゴシゴシと混ぜながら、色の美しさや混ざり、感触などを楽しみます。

1歳児

かたちであそぼう

色板であそぶ①

容器を振って音を確かめます。中には色板がいっぱい。取り出した色板をミルク缶や空箱に入れたり出したりして遊びはじめます。色と形に興味津々！楽しい遊びが展開します。

用意するもの

- 色板（○形・△形・□形）（ミルク缶・空箱に入れておく）
- パズル板

ミルク缶や空箱を振って音で中身を確かめています。

容器を確保してミルク缶から空箱への入れ替えを楽しみます。

箱の中から色板を取り出し、入れたり出したりして遊びはじめます。

色板をいっぱい集めてミルク缶の中に入れました。大切そうに抱え、離そうとしません。
近くにあるミルク缶の蓋を取って閉めましたが、しばらくすると、また蓋をあけ、やはり出したり入れたりの繰り返しを楽しみました。

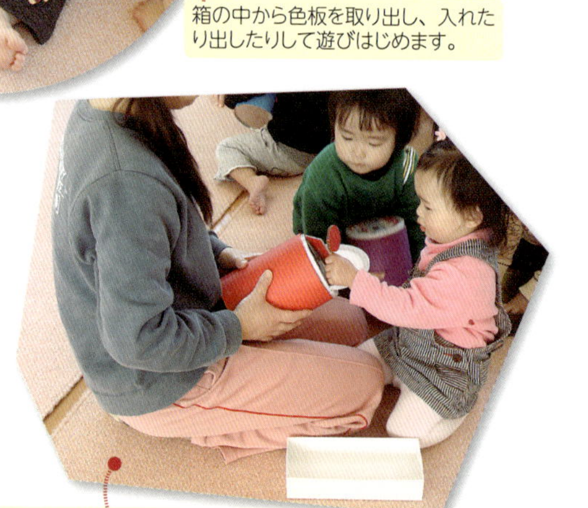

保育者にミルク缶を持たせ、入れたり出したりを楽しんでいます。

ミルク缶に一生懸命出し入れします。缶は友達に取られないように押さえつけています。

パズル板をはめ込んで遊ぶ。

ポイント and アドバイス

●ミルク缶や空箱を振るとガタガタと鳴る音に期待感をもって遊びに入ります。

パズル板をみつけました。今度もしっかり友達に取られないよう、両足で囲いながら遊んでいます。自分の材料の確保は遊びの中で大切なことのようです。

工夫

缶の蓋に穴があいていることに気づきました。今度は穴から入れて遊びますが、なかなか入りません。色板を上からポンとたたいて押し込むと入ることに気づきました。すごい工夫です。

あれ？
これでいい？

タイヤの黒い○形をもう1個探したのですがみつけられなかったので青い○形が入ります。形の理解はできていますね。

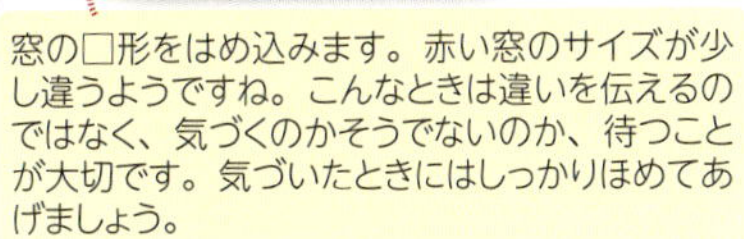

窓の□形をはめ込みます。赤い窓のサイズが少し違うようですね。こんなときは違いを伝えるのではなく、気づくのかそうでないのか、待つことが大切です。気づいたときにはしっかりほめてあげましょう。

窓とタイヤに入れた色板の形が合っているのか確認しています。タイヤは○形、窓は□形なのは理解していますが、大小の違いはまだ難しいようです。

女の子が窓に色板をはめようとすると、隣で一緒に見ていた子どもが「これで合ってるよ！」と共感の言葉でほめてくれました。自然に遊びを共有しているのですね。

2歳児

かたちであそぼう

色板であそぶ②

●●● 用意するもの ●●●

●色板（○形・△形・□形）
（切り込みを入れて紙に包んでおく）
●ビニールテープ　●パズル板

プレゼントの包みの中から出てくる色板は、子どもにとって魅力あるおもちゃです。第一に自分のものを確保して遊びの場所をみつけようとする姿は必死。色板の色や形に一人一人の興味づきは様々です。

1歳児に比べ、同じ色、同じ形と分類ができる発達の2歳児の遊びの展開を見ていきましょう。

プレゼントの包みをあけると色板が出てきます。

必死に包みをあけようとしています。

集めて遊ぶ

みんなの色板を集めました。

同じ形で遊ぶ

同じ形の色板を集めて並べはじめました。友達に取られないよう、しっかりと足で囲っています。

同じ形をみつける

保育者がそっと赤のビニールテープで床に貼ってみました。

ビニールテープで貼られた円をみつけると、その中に色板を並べはじめました。円形に興味をもったようです。

ポイント and アドバイス

- プレゼントの包みをあけて材料と出会う導入はワクワク感が増し、遊びの意欲を高めます。
- 色板の切り込みや、床に貼ってあるビニールテープの線は気づくまでゆっくりと待ち、その中で一人一人の遊びの展開を見守りましょう。
- 2歳児は色や形を同じ種類に分類する育ちが見られます。色や形でどう関わって遊ぶのかを見ていきます。

見立てて遊ぶ

色板を2枚くっつけて見立て遊びを楽しんでいます。

構成して遊ぶ

切り込みをみつけ、差し込んで構成しています。

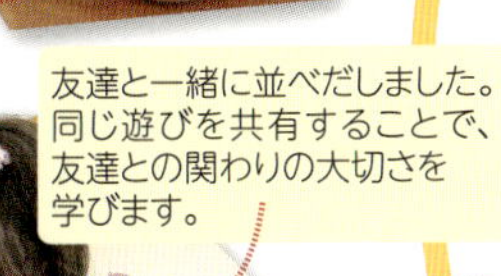

友達と一緒に並べだしました。同じ遊びを共有することで、友達との関わりの大切さを学びます。

床に貼られたビニールテープの線をみつけると、色板を車に見立ててブーブーと走らせていきます。

同じ形を並べて遊ぶ

同じ色の色板を重ねて遊んでいます。

パズル板で遊ぶ

パズル板に色板をはめ込んでいます。同じ色に合わせることができました。

いろいろ確かめて合う形を探しています。

0·1·2歳児

ビニールテープであそぶ

親指と人差し指の2本を使って物をつまむ行為は、一点を見据えて操作する能力で、集中力が育ちます。つまんで引っぱるという指先の機能を、十分発揮する遊びです。

●●● 用意するもの ●●●

●動物の顔（色画用紙をラミネート加工、またはクリアホルダーの中に入れて周囲をテープでとめたもの）
●ごちそうシール（ビニールテープで作ったもの）

クリアホルダーを使って作る場合

※動物の口は大きく作る。

ビニールテープはつまむ部分を折り返しておく。

ごちそうシール

0歳児

「動物たちはお腹をすかせてペコペコなんだって」「ごちそういっぱい食べさせてあげようか？」との声かけから……。

いただきま〜す。（ピンセット遊び）

作品展
はい、どうぞ！食べて！
あ〜ん いっぱい 食べてね
はい、どうぞ
あれ？あれ？

ビニールテープ遊びはお花の花びらづくりに。

サルの口にごちそうをたくさん！

どうやら目が気になるようです。

ビニールテープで遊ぶ。

ビニールテープを貼った台紙を手にすると思い思いに貼っていきます。遊んでいる様子を見ながら、動物の顔を壁にそっと貼ったり、カップなどの普段使っているおもちゃを出したりすると、乳児の遊ぶ姿はどのように変化していくでしょうか。

用意するもの

- ビニールテープ（台紙に貼っておく）
- 動物の顔・くだもの（色画用紙で作りクリアホルダーの中に入れたもの）
- コーナー遊びのおもちゃ（カップ・スプーン・紙コップ・フライパンなど）

ナイロンシートのコーナーにもペタペタ。

自分の足や床に貼っています。

床に重ねて貼っていきました。

カエルに「はい、どうぞ」。口の中を意識して貼っています。

ビニールテープをまるめてコップの中にいっぱい入れました。スプーンを持って食べはじめます。

ビニールテープをクマの口に貼りながら、「おいしい？おいしい？」とつぶやいています。ごちそうを食べさせている姿にはあどけない表情がいっぱいです。

「はい、どうぞ」と、コップでジュースを飲ませています。上手に一人遊びができます。

ビニールテープをまるめてフライパンに入れ、ごちそうづくりを始めました。スプーンで一生懸命混ぜています。

「できあがり！」とお皿に入れました。混ぜる・入れる・戻す・混ぜる…。この遊びを繰り返し、長時間楽しみました。

2歳児

ビニールテープで遊ぶ。

ビニールテープをどのように貼って遊ぶのか貼り方の違いを見ていきます。

子どものなぐり描きをビニールテープ貼りと比較してみました。描くこととビニールテープ貼りはほとんど同じ発達で表現されたと考えられます。

これは○○と意味づけしてビニールテープを貼る子どもは、なぐり描きでも意味づけして記号を描いています。

色に興味をもってビニールテープを貼る子どもは、なぐり描きでも色に興味をもって描いています。

重ねて貼る。

並べて貼って見立てる。

色に興味をもって並べる。

はめ込んで貼る。

空箱であそぶ

※単材遊び：1種類の材料で遊ぶこと
　複材遊び：複数の材料を使って遊ぶこと

大小様々な種類の空箱で遊びます。
同じ材料で遊んでも、0・1・2歳児ではそれぞれに違いが多く見られます。

入れる・出す・並べる・重ねる・分類するなど、年齢による行為の違いこそが造形の発達です。
まずは ※単材遊びで確認してください。

0歳児

空箱を紙袋の中に入れて乳児の前に置きましょう。「何か入っている」と気づくと、まずは「こんなのあったよ」と保育者に見せてくれます。それから口に入れて噛んでみたり、出したり入れたり…と、それぞれの楽しい遊びが始まります。何に興味をもって遊びだすのかを見守っていきましょう。

こんなことをして遊びます。

― 一人一人の興味づきを大切に見守りましょう。―

行為
・なめる　・音で遊ぶ
・出す　・入れる

口に入れて確かめています。

出したり入れたりを繰り返します。

箱の開け閉めを楽しみます。

トントンと箱をたたいて音を鳴らして遊びます。

空箱の中に入っていた芯材をみつけ、ブーブーと音を鳴らして遊んでいます。

大きな袋を頭に被ってみています。

大きな袋を手に取りました。

袋の中に手を突っ込み、何があるのか探しています。

袋の中からみつけた空箱を保育者に見せています。

こんなことをして遊びます。

― いろいろな種類の空箱を用意しました。0歳児との遊び方の違いを見ていきましょう。―

大きい箱の中に小さい箱を入れています。

横の穴から覗いています。

おかしの箱をみつけました。

行為

- 音を鳴らす
- 出す
- 入れる
- 詰め込む
- 見立てる
- 積む
- 大小を知る
- 重ねる

頭の上に箱をのせて帽子に見立てました。

友達と一緒に高く積んで遊んでいます。

大きい箱の中に小さい箱を詰めていきます。何回も繰り返していました。

大きな空箱を車に見立てました。友達と一緒に乗って、ブーブーブー！

箱に顔を突っ込んで、音を鳴らして楽しんでいます。

2歳児 こんなことをして遊びます。

— 2歳児の造形の発達を確認しましょう。—

大きい箱に小さい箱を入れています。収まりのよい箱をみつけるまで何度も入れ替えをしていました。

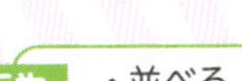

大きい箱に小さい箱を詰めて…。

やっとできあがり、満足気です。

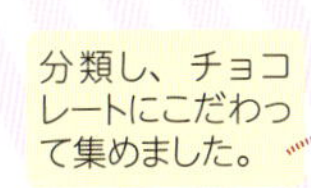

行為
- 並べる
- 並べ替える
- ごっこ遊びをする
- 重ねる
- 積む
- 同じ種類で遊ぶ
- 分類する

分類し、チョコレートにこだわって集めました。

チョコレートアイスがいっぱいだよ

部屋の中央に箱を集めました。次第に協力し合っていきます。

保育者の「ろうそくを立ててあげるね」の言葉がけに「HAPPY BIRTHDAY TO YOU!」の歌声と手拍子が自然に出て盛りあがりました。

1・2歳児

いっしょ!いっしょ!

色や形をみつけ、仲間分けのあそび

1・2歳児は色や形への興味・関心が大きく育つ年齢です。同じ種類に分類する発達をカードやペープサートを使って楽しみます。

用意するもの

●カード（動物・果物）

●ペープサート（ストローをつけておく）
●空箱（カード用・ペープサート用に穴をあけたもの）

ポイント and アドバイス

●カードは色や形のはっきりしたものにしましょう。切り方は縦切り・横切りがあるとよいでしょう。左右対称になる縦切りに対し、横切りは意外と苦労します。
●ペープサート用の棒は太めのストローを使いましょう。安全への配慮は忘れずに。

これ一緒!

パンダ一緒?

並べ替えたりずらしたりと、試行錯誤することによる気づきがいっぱいあります。遊びの過程を見守りましょう。できたときの保育者の共感の言葉は次への励みになります。

同じ仲間と気づかずに入れる・さす行為を楽しむ子どももいます。一人一人の遊び方の見守りが大切です。

「この線の上、上手に切るのよ！」と大きな声で指導する先生。見ると紙には○□△〰の線がいっぱい描かれています。かなりのノルマです。「ぼくできない」と泣きながら保育を受けて悲しい気分で帰った子ども。「ママ、ぼく今日コックさんになってパスタ作ったよ」「大きくなったらコックさんになろうかな！」「それいいね、コックさんになったらお母さんにいっぱいごちそう作ってね」降園迎えのお母さんに話す2歳児の男の子。思わず笑顔になる会話です。

ともに、はさみを使っての保育でした。前者ははさみで切るだけの保育。「あぶないからちゃんと持って」と大きな声で指導する光景があります。これでははさみ嫌いの子どもが増えるばかりです。後者は麺になる紙を好きなようにチョキチョキ切る活動です。具材になる色画用紙で作られたハム、タマネギ、ニンジンも好きなように切っていきます。彼を夢中にさせたのはここからです。空箱で作られたフライパンを机の上にビニールテープを貼ったIHコンロにのせ、パスタや具材を入れ、本物の容器に入った小麦粉の塩こしょうをふり、絵の具のケチャップで味つけします。コックさんさながらの気分が味わえるひとときでした。ごっこ遊びの大好きな2・3歳児にとって、のり・はさみは活動の広がる大切な道具。正しい使い方だけではなく、楽しい使い方をどう活動につなげていくのかが子どものやる気を左右させるのではないでしょうか？

のり・はさみを使って楽しく活動するときの用具の扱い方 、題材・指導のポイント、そのときの環境の構成など、保育者としての心得を紹介します。「もっとやりたい！」と声が出るよう、参考にしてみてください。

活動に適した材料・用具を使うポイント

「これはかわいそう！先生の責任ね」と思う保育に出会いました。3歳児の「動物園に遠足に行って見てきた好きな動物を描こう」という保育内容です。導入でノリノリの子どもたちは「ゾウさん、大きかった！」「キリンは首がこんなに長くて！」と思い思いにイメージが膨らんでいました。しかし先生の用意した材料はサインペン。子どもたちはサインペンを取って画用紙に向かい、思い思いのかわいいゾウやキリンを描き、黄色や茶色でゴシゴシと塗りはじめたのです。色の出にくくなったサインペンでこすっているうちに、絵を描くことよりこすりつけることが目的になって画用紙に穴をあけてしまう結果になりました。こんなときにはたっぷりの絵の具が子どもの思いを形にしてくれたのだと思います。造形指導における材料・用具の役割や的確な設定、指導が必要になります。材料・用具のもつ特性を2・3歳児のごっこ遊びや材料遊びの経験に多くカリキュラム化することは4・5歳児の描画活動につなげていく大切な要素です。

描画材料の指導のポイント

クレパス®

クレパス®はクレヨンよりも柔らかく伸びがよいので3歳未満児に適しています。色数も多く、手軽に使えるので子どもにとって親しみやすい描画材料です。短いので表現時の手首の返しも楽です。

持ち方には、にぎり持ち、つまみ持ち、鉛筆持ちがあります。スプーン持ちの0・1歳児からおはし指導に入る2歳児はつまみ持ちができるように目安を決めるとよいでしょう。

口に入れる0歳児のなぐり描きは必ずクレパス®で指導しましょう。

サインペン

水性と油性があります。3歳未満児は手足につくこともありますので水性をすすめます。用途に合わせて太さを使い分けるとよいでしょう。

クレパス®に比べ、なめらかな線が楽しめます。細かい表現やじっくり丁寧に表現する描き方に適しています。ただし扱いが簡単なだけに粗雑になり集中力に欠ける面もありますので、ゆっくり取り組むように声がけをしましょう。

筆

筆には太さの違いがあり、年齢によって使い分けるとよいでしょう。ちなみに乳児には特大・大が適しています。

筆の持ち方はクレパス®と同様です。にぎり持ちでは筆をうまくコントロールできませんので、つまみ持ち、鉛筆持ちで伝えましょう。

筆の扱いで気をつけることは筆をつける絵の具の量です。たれないように筆をセットし、かすれたらつける筆のコントロールを、経験を重ねることで学びましょう。

配慮

カップに絵の具を入れる量は筆先がつかる量が基本です。減ったら加えます。

※手の皿で受けながら、筆を運びましょう。

※クレパスは株式会社サクラクレパスの登録商標です。クレパスの普通名称は、オイルパステルです。

のりの指導のポイント

のりのネチネチ感を嫌がったり、においが苦手で触れようとしない子どもが増えています。そうならないためにも乳児期のいろいろな材料の感触遊びは大切なのです。のりも接着の役割が大きいですが「貼る」遊びからではなく「感触を楽しむ」活動から入り、ネチネチとした感触に慣れ、のりの適量を遊びを通して知り、次に接着としての役割の活動にカリキュラムをつなげると無理なく興味をもって活動が進められます。

感触を楽しむ遊び

のりに絵の具を入れて色のりを作り、マヨネーズ、ワサビと見立てて、サンドイッチ、おすしやさんなどごっこ遊びを楽しみます。色がついていることで興味も増し、経験の中で適量に気づいていきます。

［例］・のり＋黄緑＝ワサビ　・のり＋白黄＝マヨネーズ
・のり＋赤＝ケチャップ　・のり＋黄＝バター
・のり＋黄＝マスタード

おすしやさん▶P82
ハンバーガーを作ろう▶P84

貼ることを楽しむ遊び

小さな紙面にのりをつけて貼る活動から入り、経験や興味に合わせて徐々に紙面を大きくしていきます。『虫・・・・！みつけた！』のように「捕らえた虫を逃げないようにきちんと貼ろうね」とのりづけをする必要性を学びます。つかまえる・投げて入れる・すくうなどいろいろな方法で、接着の楽しさを味わいましょう。

のりづけの方法を伝えましょう。

簡単なリズムをつけて歌いながらの指導は楽しい活動になります。

♪まんなかまんなか
ランランラン

小さい面は全体にのりをつけます。

♪はしっこはしっこ
ランランラン

大きい面ははしっこにのりをつけます。

虫・・・・！ みつけた！▶P98　魚をつかまえよう！▶P100
サツマイモほり▶P102　キノコとり▶P103

のり台の使い方のポイント

のりを使うときは必ずのり台を使用する習慣を身につけましょう。
のり台に何かしるしがついていると意識して使いこなせます。
のり台…広告紙、牛乳パックの切り開いたもの、厚紙など

広告紙

牛乳パック

厚紙

イラスト（子どもの目じるし用）

のり台でのりをつける習慣をつけましょう。

はさみの指導のポイント

グーパーの言葉で手をパーにしてはさみを離す子ども

のりと同様に、はさみも子どもにとって造形活動が広がる大切な道具の一つです。「いつからはさみ指導をしますか？」と尋ねると、「3歳児クラスの2学期から使います」「なぜ？」と聞くと「扱い方がわからない、危ないから」という理由でなかなか指導に踏み込めない現場が多く見られます。楽しめる活動内容で正しく扱いながら経験すれば充分2歳児クラスからもできるものです。そのためのポイントを整理しましょう。

手に合ったはさみのサイズ

2歳児だからと小さな乳児用はさみにすると、かえって使いづらいものです。
2・3歳児なら普通サイズ（幼児用）を使いましょう。

持ち方・切り方の指導方法

「穴に指を入れて、グーパーしてごらん」と伝える先生が多いのですが、パーのとき、手をパーにしてはさみを離す子どもが多いようです。グーパーではなく、言葉で「パクパク」（1回切り）、「ムシャムシャ」（連続切り）と言いながら切るとスムーズにはさみが進みます。

指導計画

1回で切りとれる大きさの紙を使った「1回切り」の活動から、続けて切る「連続切り」へカリキュラム化するとよいでしょう。楽しい題材で何度も1回切りの経験を重ねることで、長い紙も次第に切れるようになります。リンゴ、バナナと色と形で楽しみながらはさみに慣れ、切ることが楽しめる題材の工夫も大切です。

［題材例］
1回切り…ミックスジュース、オムライス
連続切り…ラーメン、冷麺、スパゲティ

※ミックスジュースのコップやオムライスのフライパンなど容器があると切った具材は必ず中に入れます。落ちても大切な具材という思いで、拾う習慣が身につきます。躾にもつながりますので、ごっこ遊びの中で容器などの工夫をしましょう。

ノルマを作らない

「これだけ切りましょう」と数枚ずつ配り、切り終わるまでがんばらせている保育を見ます。数の多さに切ることができず泣きだす子どもがいっぱい…。こんな保育ははさみ嫌いを作る結果になるのです。自分で切れるだけ切る。切れる数を自己決定させることが大切です。切ることの楽しさを知ることで、楽しい道具になっていくのです。

安全配慮のため自分の活動位置がはっきりとわかる工夫

イスに座っての活動の場合、取り扱いの安全配慮はしやすいのですが、ごっこ遊びになる場合は立ち歩きます。そのとき、テーブルにコンロの型があると自分の活動の定位置が確認できて、あちらこちら歩きまわらなくなります。ちょっとした工夫でごっこ要素もより高まり、安全配慮にもつながります。

オムライスを作ろう▶P94　ロールキャベツを作ろう▶P95
ボンゴレパスタを作ろう▶P96

2・3歳児

絵の具あそび

カレーを作ろう

ニンジン、タマネギ、肉、ピーマン…子どもたちの大好きなカレーライス。コックさんになってカレーを作ります。味は甘口？それとも辛口？

活動の流れ

- カレーの中には何が入っているか話し合う。
- カレーの作り方を手遊びを通して伝える。
- コンロに自分の鍋をかける。
- カレーの具材（野菜・肉の形の色画用紙）をはさみで切り、鍋に入れて炒める。
- 塩こしょうで味つけをする。
- ルウに見立てた絵の具をおたまで鍋に入れ、具材と混ぜて煮込む。
- お皿にごはん（白絵の具）を盛りつけ、ルウをかける。

コンロと鍋

カレーの作り方を聞く。

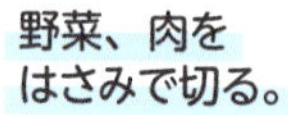

野菜、肉を
はさみで切る。

食べやすい
大きさに切ろうね

筆を使って炒める。

2歳児

2歳児ははさみで切る量も個人差に合わせて無理のないようにしましょう。

ニンジン苦手だけど
たくさん入れよう

もちろん味は
甘口で

ごはんたっぷりの
大盛りできあがり

●●● 用意するもの ●●●

- 白絵の具（ごはん）
- 色画用紙（お皿（作っておく）・野菜・肉）
- 筆　●はさみ　●おたま
- 鍋…ティッシュの箱にトイレットペーパー芯をホチキスでとめて持ち手にする。（図1）
- カレーのルウ…茶系絵の具2色（甘口・辛口）に本物のカレーパウダーを入れる。
- 塩こしょう…小さめの容器に小麦粉を入れる。
- コンロ…テーブルにビニールテープでコンロの型を貼る。

（図1）

ポイント and アドバイス

- カレーのルウには本物のカレーパウダーを入れると、香りでよりその気になって楽しみが増します。
- 白絵の具は少し濃いめに溶いておきましょう。
- 塩こしょうを入れ、おたまなど本物を使うことでよりごっこ気分を味わえます。
- ごはんの入れ方、ルウのかけ方にそれぞれの家庭が見えます。楽しんでください。

－ごはんの入れ方－

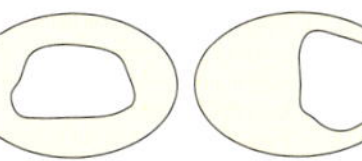

お皿いっぱい　お皿の真ん中　お皿の片方

－ルウのかけ方－

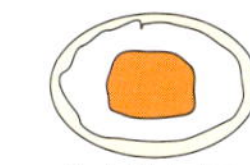
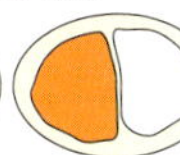

ルウ真ん中に　片方ルウ片方ごはん

塩こしょうで味つけをする。

ちょっと入れすぎたかなあ

カレーのルウを入れて、煮込む。

カレーの いい匂い

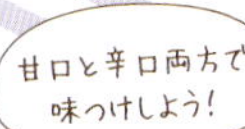

お皿にごはんを盛りつける。

わたし大盛りにするわ!

カレーのルウをおたまで入れる。

こぼさないようにしないと

- はさみを使い、部屋の中を動きまわる保育活動の場合は安全への配慮が大切です。このように、自分のコンロがそれぞれにあると子どもは必ず定位置に着いて遊びます。
- 2歳児の場合、お皿は八つ切りくらいのサイズに調整しましょう。

2歳児

ごっこあそび

洗濯あそび

大きな洗濯機に大喜びの子どもたち。シャツ、パンツ、くつ下がいっぱいあります。1日お母さんになって遊ぼうか？何から洗おうかな？

活動の流れ

- 絵本『せんたくかあちゃん』を見る。
- 洗濯について話を聞く。
- いろいろなものと関わってごっこ遊びを楽しむ。

用意するもの

- 子ども用衣類
- 洗濯ロープ
- 物干台（本物）
- 段ボール（洗濯機）
- 洗濯バサミ
- 洗濯ネット
- 空の洗濯洗剤容器
- スプーン
- アイロン（おもちゃ）
- アイロン台（本物）
- タライ
- 洗濯板

人形の服を洗う。

❶

この人形の服洗おっと

❷

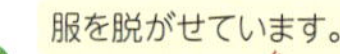

服を脱がせています。

❸

洗濯板で洗っています。

❹

❺

干しましたが、すぐ取り込みます。

❻

❼

ボタンもきちんととめて

❽

❾

きれいになりました。

- ごっこ遊びの場を整えた中で子どもたちが自発的にどのように遊びを繰り広げていくのかを見守ることが大切です。生活感を感じとるために「○○しましょう」「○○してね」ではなく、子どもの気づきや動きの変化をしっかりと観察するとよいでしょう。
- ロープや洗剤容器、スプーンなど、本物を使うとよりごっこ遊びに夢中になります。
- ロープを部屋で使う場合は、子どもの動きに注意し、ロープの高さや位置など、安全への配慮は忘れずにしましょう。

ポイントandアドバイス

●洗濯する－干す－取り入れる－アイロンをかける－たたむ－タンスに入れる。この一連の動きを何度も繰り返す子どもの多さには驚きます。中には自分のロッカーから下着を取り出して洗濯する子どもも。また自分の着ているＴシャツを脱いで洗濯するなど、興味や関心の広さ、深さに感動と生活の流れの理解に改めて気づくでしょう。

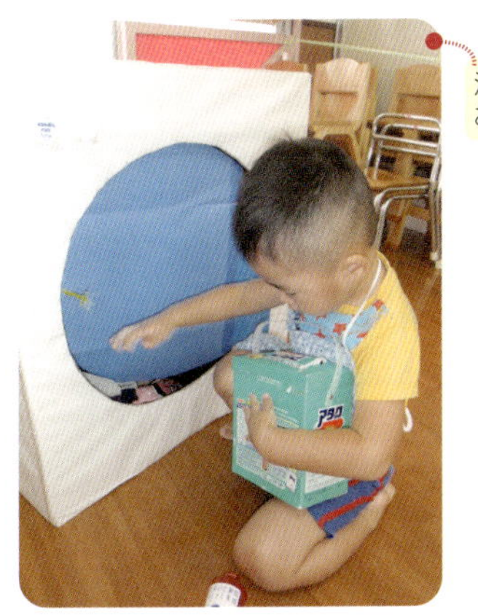

洗剤を入れてスイッチオン！
お母さんになった気分で洗剤を計量しています。

ちょっと洗剤入れすぎでは!?

ゴシゴシ ゴシゴシ

洗濯ネットに入れて、
洗濯機に入れます。

まだ～？

洗ったハンカチにアイロンをあてています。

アイロン、早くかわってよ

アイロンが終わったら
きちんとたたみます。

取り込んできれいに
たたんでいます。

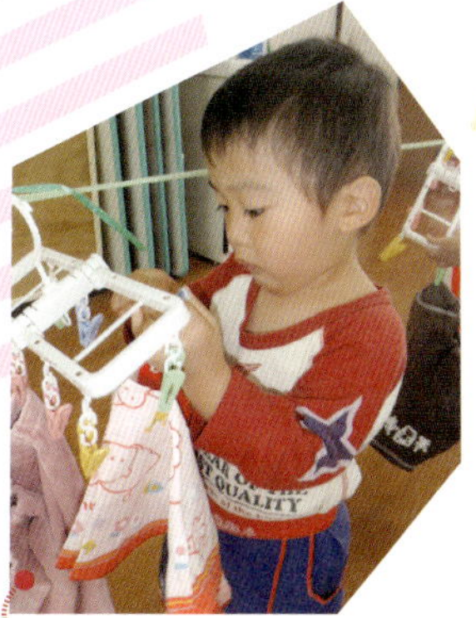

洗濯物を干すときにパッパッとはらって広げたり、折りたたんで叩いてしわをのばしたりするしぐさが見られます。お母さんが干すときの動きをよく観察していることに感心。

2・3歳児

のりあそび

おすしやさん

「へい！いらっしゃい。次何にぎります？」
部屋の中から元気な声が聞こえてきます。

●●● 用意するもの ●●●

- 黒色紙（のり）
- お花紙（赤、黄、緑）
- 色画用紙（赤、黄、緑、オレンジ）
- トイレットペーパー（すしめし）
- 絵の具+でんぷんのり（ワサビ）
- すしの容器
- はさみ

巻きずし・手巻きずし

のりにごはんをのせる。

ごはんたくさん入れて

具材を入れ、ワサビでとめる。

ワサビいっぱい入れたら辛いね。ちょっとにしよう!!

巻く。

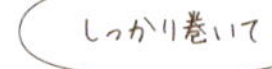

しっかり巻いて

切って盛りつけ、できあがり！

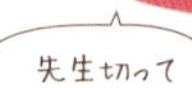

先生切って

巻きずしは先生が切ってあげましょう。

本物のおすしのようにおいしそう！

手巻きずし

マグロ好きだからいっぱい入れたけど巻けるかな？

先生！うまく巻けなかったけどいい？

ポイント and アドバイス

- 回転ずしの経験の多い子どもたちにとって、おすしやさんは身近な題材です。ネタの種類も情報豊かです。
- のりに黄緑色の絵の具を混ぜて「ワサビ」に見立てます。「ちょっとこれくらい」と教えなくても「たくさん入れると辛い」と適量を理解できるのもごっこ遊びの繰り返しの経験からです。充分に楽しむことが大切ですね。

軍艦巻き

軍艦巻きのネタを切る。

マグロ好きだから たっぷり作ろう

のりを巻いてワサビでとめ、ごはんの上にワサビ、具材をのせる。

ワサビを入れて

「へい！いらっしゃい。次何にぎります？」すっかりすし職人になっています。

できあがり！

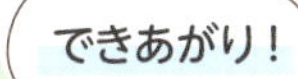

・マグロのユッケ
・サーモン
・ネギトロ
・イクラ
・ウニ　など

2歳児

のりあそび

ハンバーガーを作ろう

マスタードやケチャップで味つけしたハンバーガーはどんな味？

活動の流れ

- ハンバーガーについて話を聞く。
- 作り方を聞く。
- のりを使って作っていく。

用意するもの

- バーガー用のパン生地

焦茶画用紙にトイレットペーパーを入れて、円形になるように形を整えてのりでとめる。

- 色画用紙で具材を作る。（トマト・レタス・チーズ・ハンバーグ・キュウリ）
- マスタード（からし色絵の具+でんぷんのり）
- ケチャップ（赤朱絵の具+でんぷんのり）
- マヨネーズ（白黄絵の具+でんぷんのり）

具材をとる。

トマト、レタス、チーズなどの具材。

パン生地に具材をサンドしながらマヨネーズなどをかける。

ケチャップ好きだからいっぱい入れよう！
からしは入れ過ぎると辛いからね

できあがり！

のりの感触を苦手とする子どもが多くいる場合は、この活動のように容器を使うとよいでしょう。次第に匂いや、ヌルヌルした感触にも慣れてきます。無理をせず、ごっこ遊びを楽しむことを大切にしましょう。

サンドイッチ

バター、マヨネーズを使ってパン生地に具材をサンドする。

ポイント and アドバイス

- サンドイッチの活動のときは、のりをマヨネーズ、バターとして見立てます。
  マヨネーズ…白黄絵の具＋でんぷんのり
  バター………白絵の具＋でんぷんのり
- 具材をマヨネーズ、バターでパン生地にサンドしていきます。パン生地は画用紙、タオル生地、発泡トレーなどでも楽しめます。

2歳児

きっかけ題材

お子様ランチを作ろう

大好きなランチタイム。今日は好きなもの食べていいの！
さて、大きなお皿、コップに何を入れようかな？

お皿、コップと食器の違いが区別できるように描きましょう。また、はっきりとした色で描くことも大切です。食器の数は3個くらいが適切ですね。

用意するもの

- 白画用紙（コップ、お皿の形を描いたもの）
- クレパス®

お弁当や給食の話をし、好きな食べ物について話し合う。

画用紙の上下がわかるように渡してあげましょう。

お皿、コップに食べたいものをクレパス®で描く。

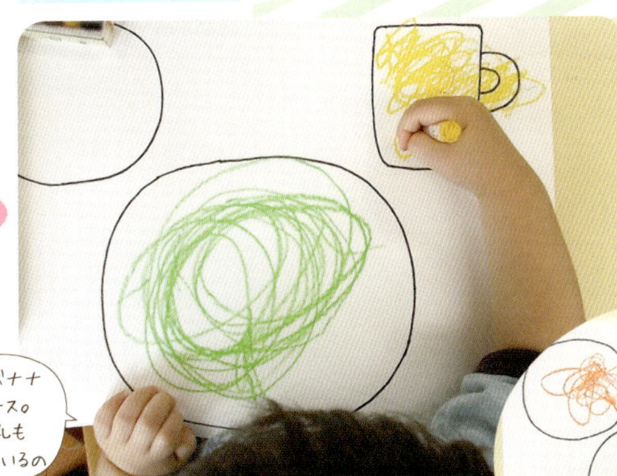

これバナナジュース。牛乳も入っているの

小さいお皿には給食で食べたお魚入れたよ

コップにはコーヒーが入っています。

このお皿には卵、おにぎり、イチゴ、ブドウが入っているよ

それって昨日の給食のメニュー？

ハンバーグと卵とジュースとサラダ、そしてパン

ポイント and アドバイス

- 食器の形からどんな食べ物をイメージするのかを大切に見守り、日頃の給食の経験との結びつきを見ていきます。

※クレパスは株式会社サクラクレパスの登録商標です。クレパスの普通名称は、オイルパステルです。

2歳児

きっかけ題材

はじめてのお買い物

いつもはママと一緒のお買い物だけど、
今日は一人でお買い物。
何を買おうかな？ちょっとドキドキ～。

日頃お母さんと買っているものを絵に表現します。小さい円への思いをしっかり聞きとりましょう。

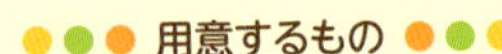

●●● 用意するもの ●●●

- 白画用紙（お買い物かばん）
- クレパス®

『はじめてのおつかい』の絵本を見てお買い物について話し合い、クレパス®で描く。

大きなダイコン描こう

早くも色と記号の対応が見られます。

えっと次は バナナ、黄色

図1

おかしとガムと お魚買ったよ

円環の重なった上に小さなしるしを描き、長い線や点々などを余白に描き込みます。

図3

大きなイモとブドウ、モモそれからえ～と!!

小さい円を描き、意味づけをします。空いている空間にはめ込みをし、描いたもの同士が重ならなくなります。

図2

これ牛乳! これも牛乳! いっぱい牛乳買ったよ

画面を分解・区切り・はめ込み空間構成をします。同じパターンを繰り返すため模様のように見えます。

図4

キュウリ、ナスビ、イチゴいっぱい買ったよ。ママとお買い物してるの!

小さい円に目や口をつけ、顔などを図式的に描きます。図式を基に少しずつ形を描きはじめます。

幼い　2歳児の発達過程 →

2歳児

きっかけ題材

カメラでパチン

今日はカメラマンに変身！何をカメラで撮ろうかな？
ワクワク！さあ園庭へ出発！

活動の流れ

- 本物のカメラでものや子どもたちを撮り、画像を見て楽しむ。
- 一人一人空箱で作ったカメラを持って園庭で好きなものを撮る。
- 撮ったものをクレパス®を使って画用紙に描く。

用意するもの

- 空箱で作ったカメラ
- 白画用紙
- クレパス®

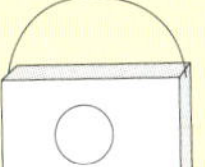

空箱で作ったカメラを持って園庭へ。

カメラでパチン。

お花さん
ニッコリ
こっち向いて
ハイチーズ

1歳児を撮影しています。

撮ったものを描く。

2歳児

お花と葉っぱを描いています。

右下の黒はアリ。緑の○(マル)は撮影した1歳児を描いていました。

お友達やアリや大きなダンゴ虫などみつけたものを意味づけして描きました。図式的に表現されつつあります。

3歳児

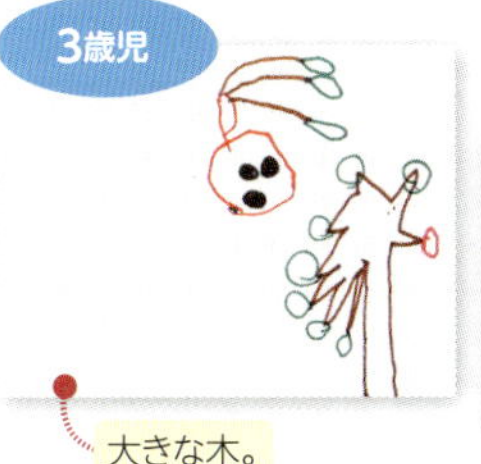

大きな木。

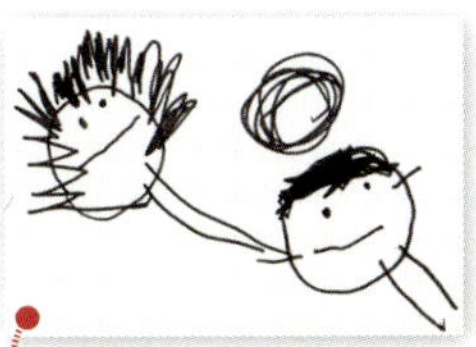

友達と一緒にサッカーをしているところを描いています。

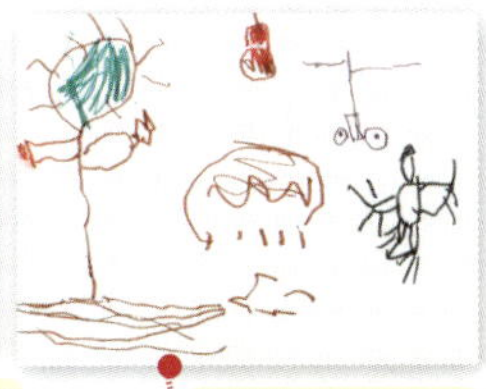

園庭で三輪車に乗っている友達を描いています。

ポイント and アドバイス

- 園庭での活動です。ケガや事故にならないよう安全への配慮を忘れずにしましょう。気温に合わせて木陰での活動に配慮しましょう。

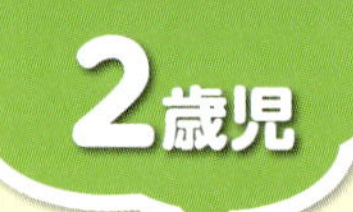

絵の具あそび

ピザを焼こう

生地にたっぷりのピザソースを塗って！
大好きなピーマン、ハム、そしてチーズをトッピングして…。
オーブンに入れると…いい匂い？

活動の流れ

- トッピングの具材を取る。
- ピザ生地にピザソースを塗る。
- 具材やチーズをのせる。
- ピザ用ソースをかける。
- オーブンに入れて焼く。

用意するもの

- 色画用紙（トマト・ピーマン・タマネギ・ハム・チーズ）
- 絵の具（ピザソース）
- 絵の具＋水のり（ピザ用ソース）
- 段ボール片（ピザ生地）
- 筆
- オーブン（おもちゃ）

ピザソースを生地に塗る。

具材をのせ、チーズでトッピング。

ピザ用ソースをかける。

オーブンで焼く。

できあがり！

ポイント and アドバイス

- ピザ用ソースに水のりを入れておくと具材がくっついてくれます。黄色のお花紙をちぎって板チーズとしてトッピングするのもよいでしょう。オーブンがあることでよりごっこ遊びが楽しめます。

2歳児

絵の具あそび

大きなピザを焼こう(共同活動)

大きな大きなピザ生地にソースをたっぷり。
具材もいっぱいのっけるぞ～！
ゾウさんも食べに来てくれるかな？

活動の流れ

- ピザの写真やチラシを見る。
- 絞り出しチューブでピザソースを出す。
- 筆で塗り広げる。
- 具材をのせる。
- クリームチーズを絞り出す。
- みんなで食べよう！

用意するもの

- 模造紙
- 絵の具+水のり（ピザソース・クリームチーズ）
- 色画用紙をシュレッダーしたもの（トマト・タマネギ・チーズなど）
- 紙で作ったフォーク
- 筆

ポイント and アドバイス

- 紙の大きさは、子どもの手が紙の中央にどの位置からも届く大きさに配慮することが大切です。適切なサイズの紙を選び、できるだけ余白を作らないようにしましょう。
- 絵の具は濃いめに溶いておくとよいでしょう。トッピングの接着のために水のりを加えましょう。

ピザのチラシを見る。

ピザのチラシなどを見ることで活動への意欲につなげます。

ピザソースを絞り出し筆で塗り広げる。

具材をのせ、クリームチーズの絞り出しを楽しむ。

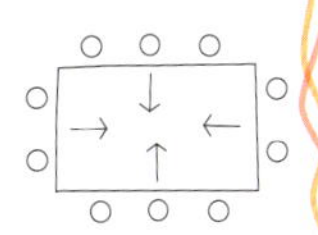

その他の題材紹介

- 目玉焼き
- ホットケーキ
- かき氷
- ケーキ

2・3歳児

2歳児

きっかけ題材

虫とり

園庭のすみっこに座り込んで虫さがしに夢中になる子どもたち。虫かご持ってLet's Go！何がいるかな〜?!

- 紙芝居『ありんこ』を見たり聞いたりする。
- 虫かごを持って園庭に虫さがしに行く。
- みつけた虫を「虫かごの中につかまえて入れよう」と絵画に誘う。

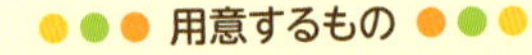

- 画用紙（虫かご）
- クレパス®
- 虫かご（作り方 P99）

すぐ表現活動に入れるように園庭のテラスで活動するとよいでしょう

紙芝居を見る。

園庭に出て虫をさがす。

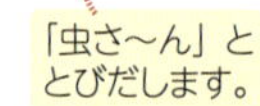

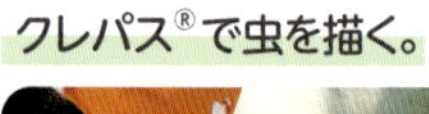

クレパス®で虫を描く。

ポイント and アドバイス

- アリやダンゴ虫、セミのぬけがらなど園庭で実際の虫をみつけ、つかまえる経験が、意味づけをしながらの記号＝形で描かれます。園庭に虫がたくさんいる時期に活動するとよいでしょう。
- 生活経験とどのように結びつき、記号化していくのかを見ていきましょう。

ダンゴ虫いたよ。まるくなっている

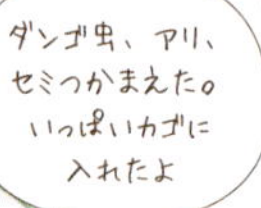

茶色で描いているのはダンゴ虫とアリ。日頃から植木鉢をひっくり返してはポケットに入れて遊んでいる子どもです。

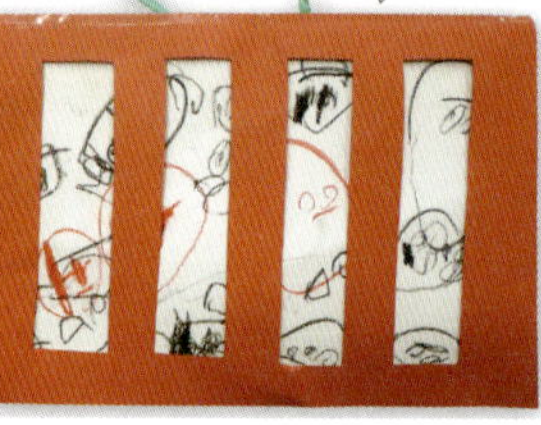

2歳児

絵の具あそび

洗濯ごっこ（共同活動）

段ボールの大きな洗濯機にシャツ・ズボン・くつ下などの洗濯物をいっぱい入れて、絵の具でゴシゴシ！
さあ、今からお洗濯。

活動の流れ

- 洗濯について話を聞く。
- のりの使い方を聞き、衣服を洗濯機に貼って入れる。
- 絵の具を使って洗濯を楽しむ。

用意するもの

- 段ボール箱（洗濯機）
  3面で立つように作っておく。
  スイッチをつけておくと◎
- 色画用紙
  （洗濯物 シャツ・ズボン・くつ下など）
- 白絵の具+水のり（洗剤）
- 水色絵の具+水のり（水）
- のり
- 筆

園庭に出て準備をする。

のりを使って洗濯機に衣服を入れる。

絵の具で洗濯していく。

スイッチ「オン」したら
グルグルまわるよ

こんなに水たくさん
入ったよ。
きれいになったかな

ここも水入れて
まだ汚れているから
もう一回

ここのパンツも
きれいに洗おうよ
ほんとに
泡出てきた

ポイント and アドバイス

- 絵の具はたれやすいので濃いめに溶き、水のりを入れておきましょう。
- 白絵の具は洗剤、水色絵の具は水と見立てることでごっこ遊びがより楽しくなります。
- 木陰を選び、広い空間を作って活動がしやすいように配慮しましょう。また安全確認も忘れないように。

2歳児

絵の具あそび

わたしのワンピース（共同活動）

ウサギさんのワンピースはフリルがいっぱい。ゾウさんやクマさんのワンピースもかわいく絵の具で変身！
何色の絵の具で塗ろうかな？

活動の流れ

- 『わたしのワンピース』の絵本を聞く。
- かわいい服について話し合う。
- 園庭に出て服を着ていない動物に「服を描いてあげよう」と絵の具で描いていく。

用意するもの

- 牛乳パック+ひも（絵の具ポット）（図1）
- 段ボール片（動物の形）（図2）
- 絵の具
- 筆

『わたしのワンピース』の絵本を見る。

園庭に出て絵の具で塗る。

ポイント and アドバイス

- ポケットやボタンなどあらかじめつけておき、気づきを見るとよいでしょう。

ポイント and アドバイス

- 動物の設置は木陰を選び、しっかり固定しましょう。
- 段ボールは、水分の吸収が多いため乾くと色が薄くなります。また、絵の具がポタポタたれないためにも絵の具は少し濃いめに溶きましょう。
- 一人一人が絵の具ポットを持って活動できるように数量を多く用意します。
- たっぷり絵の具が塗れるように太筆を使いましょう。

あらあらすっかり顔までお化粧されていますよ。

どの動物たちにもすてきな服ができました。

2歳児

はさみあそび

オムライスを作ろう（1回切り）

塩こしょうで味つけしたごはんを卵でつつみ、できあがり。
ケチャップをかけるのが一番のお楽しみです。

活動の流れ

- オムライスの作り方について話をする。
- 鍋に具材を切って入れ、炒める。
- ごはんを入れ、また炒める。
- 卵でつつみ、ケチャップをかける。

用意するもの

- 空箱+トイレットペーパー芯（鍋）（図1）
- 色画用紙（ハム・タマネギ・ニンジン・ピーマン）
- 小麦粉+容器（塩こしょう）
- お花紙黄（卵焼き）
- お花紙黄緑（レタス）
- シュレッダー紙（ごはん）
- 絵の具（ケチャップ）
- はさみ
- 筆
- コンロ（テーブルに印をつける。）（図2）

（図1）

（図2）

具材を切って炒める。

ごはんを入れて炒め、卵でつつむ。

うまくつつめるかな？

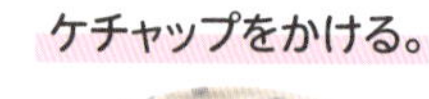

ケチャップをかける。

ケチャップいっぱいかけて！

できあがり！

ポイント and アドバイス

- ケチャップ味のごはんにする場合は朱色の色画用紙をシュレッダーして使うとよいでしょう。

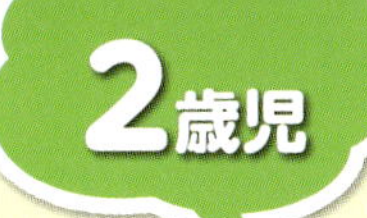
2歳児

はさみあそび

ロールキャベツを作ろう（1回切り）

キャベツにつつむとロールキャベツ。
寒い冬にピッタリのメニューです。
応用編としてチャレンジしてみましょう。

用意するもの

- 空箱+トイレットペーパー芯（鍋）
- 色画用紙（ハム・タマネギ・ニンジン・ピーマン）
- 小麦粉+容器（塩こしょう）
- お花紙黄緑（キャベツ）
- 絵の具（ケチャップ）
- はさみ
- 筆

ちょっと
入れ過ぎたかな？
お母さんみたいに
つつもう！
うまく
つつめるかな？
ケチャップを
かけて
できあがり！
おいしそう
でしょう！

具材を切って炒め、
塩こしょうで味つけする。

キャベツで
つつむ。

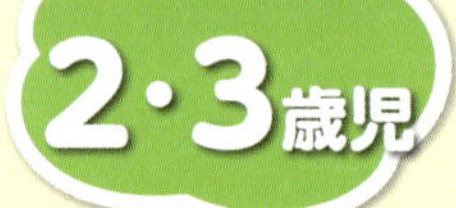

はさみあそび

ボンゴレパスタを作ろう（1回切り）

ピーマン・ニンジン・ハム、そしてアサリ。その出来栄えに、本物のコックさんもビックリ!!

活動の流れ

- 『レストラン』の絵本を見る。
- パスタについて話す。
- 作り方を知らせ、はさみを使ってパスタ作りをする。

用意するもの

- 色画用紙（パスタ・ピーマン・ハム・ニンジン）
- 鍋・フライパン・トング（本物またはおもちゃ用）
- アサリの貝殻（本物）
- はさみ
- 小麦粉+容器（塩こしょう）
- 赤絵の具+水のり（ケチャップ）
- 皿

本日のメニューの材料です。

フライパンにパスタを入れる。

ピーマン、ハム、ニンジンをはさみで切って入れる。

塩こしょうで味つけ。

ポイント and アドバイス

- パスタは大きな本物の鍋に入れてトングで取るようにするとより楽しく活動できます。なお、パスタは料理しやすいようにちぢれ麺・細麺にしておきましょう。毛糸を麺にするのも楽しい方法です。
- 3歳児の場合はパスタも自分で切って活動するとよいでしょう。

●ごっこ遊びが大好きな2歳児。材料は保育者が配るのではなく、切りたいもの、量を自分で選んで決めることが、最後までやりとげる意欲につながります。決して「これだけよ」ともの、量を決めないようにしましょう。
●具材は1回で切れる大きさに配慮しましょう。（はさみの指導のポイント P77）
●本物の貝殻を使うことで現実味が増し、よりその気になります。
●おもちゃコーナーのコンロがあれば使いましょう。ない場合は子どものテーブルにビニールテープでコンロを作るとよいでしょう。最近の子どもはIHコンロを好みます。

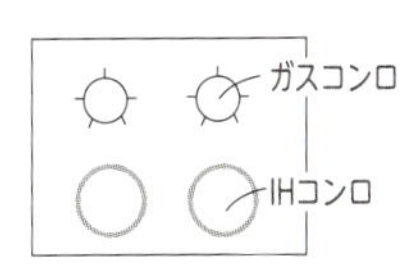
ガスコンロ
IHコンロ

アサリの貝殻を入れる。

ケチャップを入れて。

できあがり！

みんなで
いただきま〜す

2歳児

のりあそび

虫・・・・!みつけた!

夏の園庭には、セミ、アリ、ダンゴ虫……虫!
子どもの好きな虫……がいっぱい。
虫かご持って虫をつかまえにLet's Go～!

活動の流れ

- 事前に虫たちを園庭の木や草むらにかくしておく。
- お部屋から虫たちが逃げてしまったことを伝え「さがしに行こう」と誘う。
- 虫かごを持って園庭に虫とりに行く。
- とった虫をのりで貼ってかごに入れる。

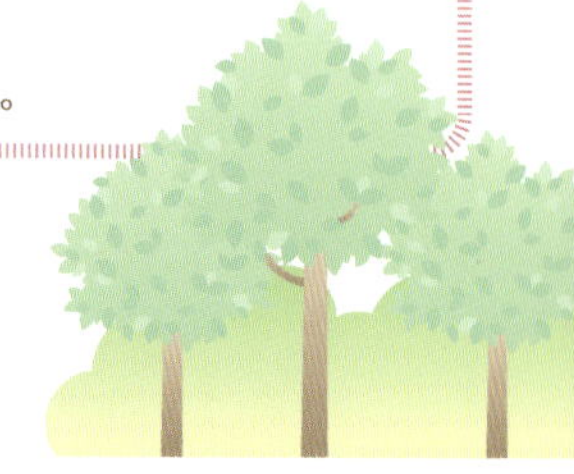

園庭に虫をかくす。

虫のつかまえ方を聞く。

み～つけた

かごを持って虫とりに行く。

セミさん
こんなところにもいたよ

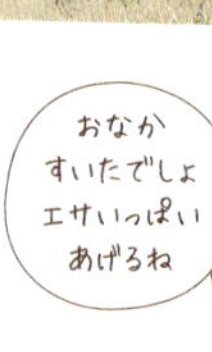

おなか
すいたでしょ
エサいっぱい
あげるね

のりをつけ、
つかまえた虫をかごに貼る。

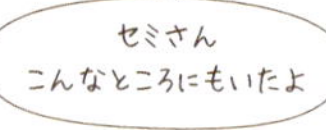

木陰に机とイスを置きましょう。

用意するもの

- 画用紙（虫かご）
- でんぷんのり+絵の具（エサ）
- 画用紙に印刷した虫（アリ・セミ・バッタ）
- 虫を入れる容器（カップ）
- 机　●イス（のり台）

ポイント and アドバイス

- つかまえる虫の種類にこだわる子どもと、手当たり次第にいろいろな種類の虫をつかまえる子どもと虫への興味づきが様々です。
- 貼り方も向きを揃える、向きを気にせずはめ込む、重ねて貼るなどの個性が発達段階として見られます。絵画の発達と同じではめ込み（空いている空間を捉える力）をする子どもは❸❹のように並べます。絵画と比較して育ちを確認するとよいでしょう。
- 園庭で虫をつかまえたらすぐにのりの活動に入れるよう、木陰に机とイスを用意しておきましょう。
- でんぷんのりに食紅（みどり）を入れたものを虫のエサに見立て、「つかまえた虫にエサを食べさせてかごに入れよう」と誘いかけると夢中になり、のり活動に入れます。
- 広範囲になりすぎないように配慮しながらも少し高いところなどにも散布し、虫とりが楽しめるようにしましょう。

❶同じ種類にこだわる

❷重ねて貼る

❸向きを揃える

❹はめ込みで貼る

2歳児

のりあそび

魚をつかまえよう!

ピンクや黄色、お魚さんいっぱいいるね。
どの魚つかまえようかな？のりでペッタン。
あ～バケツに入った！

活動の流れ

- 導入で画用紙のバケツを見せ､｢魚つりに行こう｣と誘う。
- 魚を探しに廊下を散策し、その間に部屋の床に魚をセッティングしておく。
- 部屋に戻り、魚をみつける。
- 魚をつかまえてバケツにのりで貼る。

用意するもの

- バケツ型の画用紙
- 色画用紙（いろいろな大きさの魚）
- のり
- のり台
- 魚を入れる容器

魚をつかまえて容器に入れる。

のりの指導のポイント P76

のり台の上でのりをつけ
バケツに入れる。

のりを少量指に取り、
つけていきます。

ポイント and アドバイス

- 「これくらいの量よ」と言っても適量は理解しにくいものです。「アリさんのごはんくらい」と少量が伝わる言葉で工夫しましょう。
- のりづけは経験を積み重ねることで身につくものです。その都度の個別指導が大切です。きちんとついているか個別に確認しましょう。
- 貼り方、並べ方、色の選び方に発達が見られます。どんな育ちがあるのか確認してください。

貼り方から見られる育ちの違い

『はじめてのお買い物（P86）』の 図1 ～ 図4 の発達とのりづけの発達は並行しています。❶の子どもは 図1 です。重ねて描く子どもは重ねて貼り、その他も同様です。描く育ちと比較してみましょう。

❶ 方向を気にせず貼る、重ね貼り。幼い。

❷ 方向はあちらこちら、空いている空間にはめ込む。

金魚すくい

ポイを使って金魚をすくい貼っていきます。

❹ 向きを揃えて貼る。

❸ 色や形にこだわって貼る。（色や形に興味をもつ）

のりの活動がはじめての場合はくっつく楽しさをまず伝え、のり台の使い方、のりの量について分かりやすく伝えましょう。「お魚が逃げないように貼ってね」は子どもには理解しやすい言葉になります。

2歳児

のりあそび

サツマイモほり

砂場でイモいっぱい見つけてね。
大きいおイモちゃん、小さいおイモちゃん。
イモほりしたらリュックにのりでペッタン。
イモさんたくさんほれたかな？

活動の流れ

- 『ねずみのいもほり』の絵本を聞き、「みんなもイモほりをしよう」と誘う。
- カゴを持って砂場に行く。
- 砂場でイモをみつけ、イモほりをする。
- カゴに入れて帰り、リュックにほり出したイモを貼る。

用意するもの

- 色画用紙（サツマイモ、たくさん）
- 色画用紙（リュック、背負えるように作る）
- のり
- イモを入れるカゴ

イモほりをする。

砂場にうねを作って、イモをうめておきます。

大きいおイモみつけたよ。ここにもあった

いっぱいとれたよ

のりでリュックにイモを貼る。

はしっこはしっこランランラン♫

ポイント and アドバイス

- 乳児にはなかなか生活経験できないイモほり。砂場にうねを作り、イモをみつけるごっこ遊びへと誘ってみましょう。
- 雨あがりの砂場は水分が多いので避けましょう。お天気つづきのサラサラ砂が適しています。

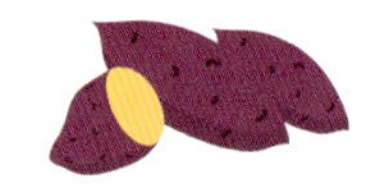

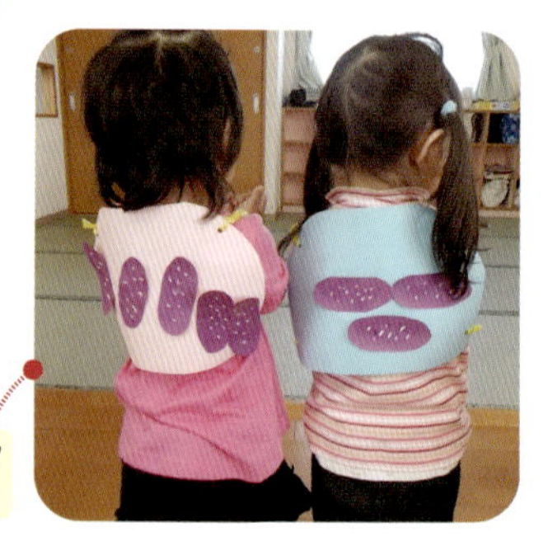

のりでイモをリュックに貼ります。

2歳児

のりあそび

キノコとり

園庭の大きな木の下には、クリや、ピンク色・緑色の帽子のキノコがニョキニョキと頭を出して…み〜つけた！

用意するもの

- 色画用紙(クリ、キノコ)
- 色画用紙(カバン)
- のり

『キノコ』の絵本を見て、リュックを持って園庭に出る。

キノコいっぱい み〜つけた

キノコとりをする。

みつけたクリやキノコをのりでカバンに貼る。

活動前に準備します。園庭の木陰を選び、貼る環境を作りましょう。

2歳児

はさみあそび

グラタンを作ろう（1回切り）

本日のおすすめメニューはマカロニグラタンです。
たっぷりのホワイトソースで味は濃厚。
さあ、ちびっこコックさんがんばってね。

活動の流れ

- グラタンについて話し合う。
- フライパンにマカロニを入れ、具材をはさみで切って炒める。
- ホワイトソースをかけてレンジで焼く。

用意するもの

- マカロニ（本物）
- 色画用紙（ハム、タマネギ、ピーマン、ニンジン）
- 絵の具+水のり（ホワイトソース）
- はさみ
- グラタン皿
- フライパン（容器にトイレットペーパー芯をつけて作ったもの（図1））
- レンジ（段ボール）
- コンロ（テーブルに印をつけたもの）（図2）

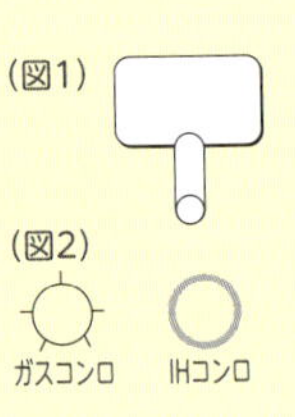

（図1）
（図2）
ガスコンロ
IHコンロ

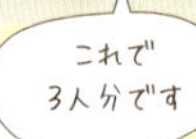

これで
3人分です

マカロニを炒め、
具材をはさみで切って
炒める。

ハムをたくさん
入れるといいね
細かく切って

ホワイトソースをかけて
レンジで焼く。

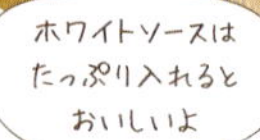

ホワイトソースは
たっぷり入れると
おいしいよ

レンジに
入れて

できあがり！

ポイント and アドバイス

- 黄色のお花紙をチーズとして上からトッピングしても本物っぽくなりより楽しい活動になります。
- 本物のマカロニを使うことでよりごっこの気分が味わえます。
- はさみを使うので、動作に配慮し、集中して取り組めるような環境づくりをしましょう。
- 作った作品を展示や長期保存する場合はホワイトソースには水のりではなく木工用接着剤を入れてください。水のりの場合はカビがはえ、腐敗します。

2歳児

はさみあそび

たこ焼きを作ろう（1回切り）

タコは小さめに切ると食べやすいかな？
ネギ、コンニャクを入れたらくるくるくるくる。
まあるくなったらソースを塗って。あ〜いい匂い！

活動の流れ

- たこ焼きの絵本を見たり話を聞いたりする。
- たこ焼きの作り方について話を聞き、作り方を見る。
- たこ焼きの具材をはさみで切っていく。
- たこ焼き器にたこ焼きの生地を入れる。
- トイレットペーパーと切った具材を入れる。
- 割りばしでくるくるとひっくり返しながらまるめていく。
- まるくなったたこ焼きを容器に入れ、ソースをはけで塗る。

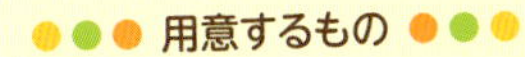

用意するもの

- 色画用紙（タコ、ネギ、コンニャク、しょうが、青のり）
- 絵の具+水のり（たこ焼きの生地）
- トイレットペーパー
- 絵の具+ソース（たこ焼きソース）
- お花紙黄（かつお節）
- ティッシュの空箱+卵パック（たこ焼き器）（図1）
- たこ焼きの生地を入れる容器
- 割りばし
- たこ焼きを入れる容器（図1）
- ソースのはけ（本物）
- はさみ

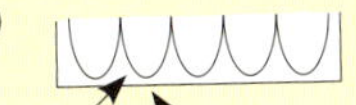

たこ焼きの作り方の工程を見る。

具材をはさみで切る。

もう少し小さく切るようにすればいいね。

たこ焼き器に生地を入れトイレットペーパーと具材を入れる。

タコは、これでいい？

割りばしでひっくり返してまるめていく。

ひっくりかえったよー!!

焼きあがったらソース・青のりとかつお節をふりかける。

できあがり！

ポイント and アドバイス

- 具材は小さめに切った方がまるめやすく形も整います。
- トイレットペーパーはあまり小さくちぎらず、長めにちぎったものをくしゃくしゃにしてまるめた方が、たこ焼きはまるくなってくれます。
- たこ焼きの生地は濃いめに作りましょう。乾燥後は本物に近いたこ焼きになります。
- たこ焼き器には卵パックが適しています。各自でごっこ遊びが楽しめるよう、人数分のたこ焼き器を準備しましょう。
- たこ焼きの生地はそそぎ口の小さな器で入れるとよいでしょう。子どもができない場合は保育者が手伝ってあげましょう。
- 割りばしの使い方には充分に気をつけてください。

はさみあそび

サラダを作ろう(連続切り)

ヘルシーサラダには何を入れようかな？
トマト、キュウリ、ハム、卵！
いっぱい入れて、ドレッシングはごま味？中華味？

用意するもの

- 画用紙（トマト・キュウリ・タマネギ・ハム・タマゴ・ニンジン・オクラ）
- お花紙黄緑（レタス）
- スポンジ（クルトン・コーン）
- 絵の具+水のり（ドレッシング）
- 紙皿
- はさみ
- 冷蔵庫

冷蔵庫から野菜を取り出す。

おもちゃコーナーの冷蔵庫を活用すると、よりごっこ遊びが楽しめます。

冷蔵庫の中ぬるくなるからしめてよ

はさみで連続切り。

ポイント and アドバイス

- 「1回切り」の経験ではさみの使い方に慣れてきたら、続けて切る「連続切り」にします。野菜などのサイズを大きくし、チョキチョキと切り進めます。
- 冷蔵庫に野菜を入れておくと、自分で取りに行く楽しみが意欲になります。また一人一人の能力に応じた配慮へもつながります。
- ドレッシングに水のりを入れることで具材が定着します。フレンチドレッシング、中華ドレッシングなどの種類を用意すると味つけも楽しめます。

「大きかったら口に入らないから小さく切ろうね」と声かけをします。
タマネギきらいだけど入れるよ
ドレッシングをかける。
何味にしようかなあー
中華味、ゴマ味、フレンチ味など用意するとよいでしょう。
いただきま〜す
できあがり！

その他の題材紹介

・冷麺を作ろう

・麺用の色画用紙をちぢれさせ、細く切って容器に入れる。
・ハム、キュウリ、ニンジン、卵の具材を切って入れる。
・ドレッシングをかける。

2歳児

絵の具あそび

しゃぶしゃぶを作ろう

今日のおかずはしゃぶしゃぶです。
白菜、ニンジン、キノコいっぱい入れて、くつくつ煮てね。
豚肉はしゃぶしゃぶして、いっぱい食べよう。

活動の流れ

- 画用紙で作った食材を入れた本物の土鍋を見てしゃぶしゃぶについて話し合う。
- 画用紙の鍋にだしを入れることに見立て、スポンジに水を含ませ、ひと握りして画用紙に塗る。
- 絵の具で具材に見立てた材料を入れてしゃぶしゃぶして遊ぶ。

用意するもの

- 色画用紙（鍋）
- 絵の具（豚肉…ピンク、白菜…緑、キノコ…茶、ニンジン…オレンジ）
- スポンジ
- 水（だし）
- 土鍋（本物）

土鍋を見る。

ああ〜
いい匂いしてる。
おいしそう

だしを入れる。

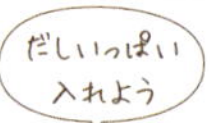

絵の具の
具材を
入れる。

白菜いっぱい入ったから、
今度は豚肉いっぱい
入れよっと

できあがり！

熱いからフーフーしています。

2歳児

絵の具あそび

クリームシチューを作ろう

鍋にニンジン、ブロッコリー、肉を入れて煮込んでいきます。
ルウを入れて、はい！できあがり。

活動の流れ

- クリームシチューについて話し合う。
- 鍋にルウ、材料の絵の具を入れていく。

用意するもの

- 色画用紙（鍋）
- 絵の具（ニンジン…オレンジ、ブロッコリー…緑、肉…茶、ルウ…クリーム色）
- 画用紙で作ったクルトン

絵の具で材料、ルウを入れていく。

なが〜い
ニンジンを
入れるよ
ブロッコリーも
いっぱい入れよう

最後はお肉たっぷり
入れて、おいしそうに
なってきたよ

クルトンを
入れて
できあがり！

ポイント and アドバイス

- ルウの絵の具より、具材の絵の具は少し濃度を濃いめに溶きましょう。絵の具の重なりがはっきりしてきれいになります。

2歳児

きっかけ題材

サンタさん

大好きなクリスマス。プレゼントを運んでくれるサンタさんへの思いは特に夢いっぱい。くつ下、ツリーの形をきっかけに子どもの心の中をのぞいてみましょう！

活動の流れ

- サンタクロースの絵本を見たり話を聞いたりする。
- 絵の具でサンタさんを描いていく。
- クレパス®で目、口を描く。

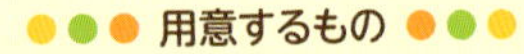

用意するもの

- 色画用紙
- 絵の具
- クレパス®

絵の具でサンタさんを描く。

クレパス® で目、口を描く。

絵の具、クレパス®

クレパス®

絵の具で描いたサンタさんのように２歳児にとってのサンタクロースは赤い服を着て白いひげがあり、袋を持っていることは言葉では理解していても形にはなりません。きっかけ題材でクレパス®で描いているサンタさんも同様です。無理のないよう、２歳児特有の表現の捉え方を大切に見ていきましょう。

クレパス®

クレパス®

クレパス®

絵の具、クレパス®

「赤い帽子をかぶっているの」と顔のまわりをかこっています。

ポイント and アドバイス

- 絵の具の塗り広げが大胆にできるように筆は特大サイズ、絵の具も伸びがよい濃度に作りましょう。
- 筆の動きが強いため、画板と画用紙がこすれないようにセロハンテープで固定すると安定した環境で表現が楽しめます。

2歳児

生活の絵

こんなことしたよ

園行事を通して経験できることをテーマにしてみましょう。
色や形がいっぱい。感動が伝わるでしょう。

ポイント and アドバイス

- 経験を思い浮かべ、イメージできるように指導します。
- 表現しやすい描画材料の組み合わせを考えます。

用意するもの

- 色画用紙
- 絵の具
- クレパス®
- サインペン

雪だるま作ったよ

絵の具、クレパス®

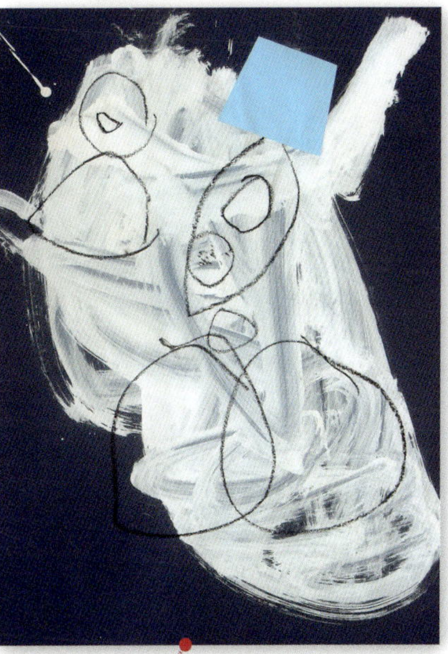

絵の具、クレパス®

園庭にうっすらと積もった雪で作った雪ダルマを描いています。
すぐに溶けてしまったのでしょうか。

風船とばしたよ

運動会のフィナーレでとばした風船は空でまるくなってとんでいったのでしょうね。

絵の具、サインペン

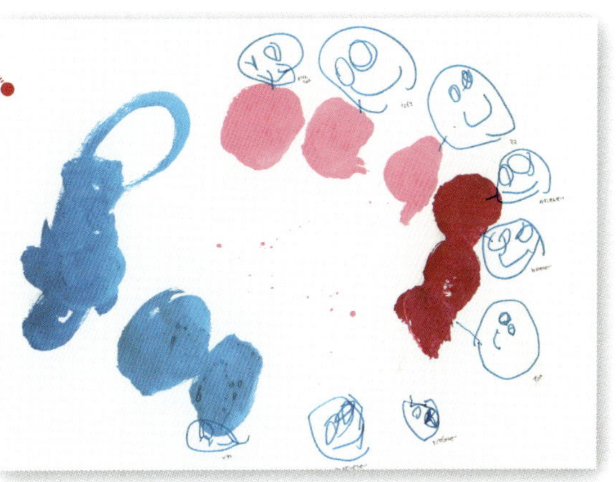

絵の具、サインペン

※クレパスは株式会社サクラクレパスの登録商標です。クレパスの普通名称は、オイルパステルです。

0歳児 テーマ クリスマス

0歳児は音で遊ぶ・出す・入れる・引っぱるなどの行為、なぐり描きやシール貼りなど、造形活動の成果を形にしていきます。

【乳児の活動】
- ツリー形のマラカスにシール貼り（低月齢）
- ポットンおとしのおもちゃへの入れ込み活動
- 容器への入れ込み活動でサンタリースづくり
- なぐり描きやシール貼りでサンタさんのおうちづくり（高月齢）
- 軽量紙粘土への足形押しでメモスタンドづくり

カプセルトイやキャンディなどを入れたり出したりして遊びます。

遊びのコーナーでは大好きな手づくりおもちゃもいっぱいです。

サンタクロース形ポットンおとしの手づくりおもちゃ

発泡スチロール片に両面テープをつけたものを重ね合わせて作りました。シール貼りの経験を活かした作品です。

雪だるま

引っぱると煙突からサンタさんが登場します。

カップ容器や芯材にお花紙を入れて、サンタリース・ケーキリースを作っています。

サンタリース・ケーキリース

日頃の保育で音のおもちゃとして使っている泡立て器には、プレゼントを入れて、シャモジはサンタさんに変身させておもちゃコーナーで遊びます。

絵の具遊びで作ったリース

絵の具遊びを木の枝につけてリースにしました。

ゾウ形
ポットンおとしの
手づくりおもちゃ

洗濯ネットを使ったポットンおとしの手づくりおもちゃです。

ツリー形の
マラカス

緑色の色画用紙の上にエアーパッキンを巻いて感触を楽しみます。下はフィルムケースで中に鈴が入っています。ツリーを振って音で遊びます。

メモスタンド

プレゼント袋を軽量紙粘土で作り、乳児のかわいい手形押しをしています。木の枝を差し込み、枝にはメッセージカードをつけました。

サンタさんのおうち

大きな紙袋に新聞紙を詰めておうちづくり。なぐり描きやシール貼りでちょっとおしゃれに。

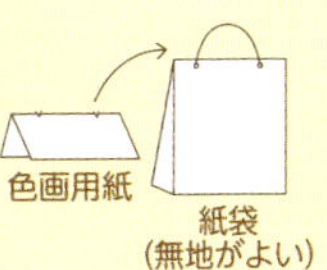
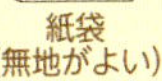

1歳児 テーマ 世界一おいしいレストラン

1歳児は身の回りにあるものに触れ、何でもやりたい興味津々の年齢です。材料に親しみながら探索活動が活発になり、友達と一緒に活動を楽しみます。

【乳児の活動】

・容器への入れ込み活動でアオムシづくり（低月齢）
・透明容器への入れ込み活動で動物づくり（高月齢）
・野菜形の色画用紙になぐり描き・シール貼り
・ニンジン・ピーマン・タマネギ形の色画用紙にひも通し
・トイレットペーパー粘土でハンバーグ・おにぎりづくり

大きなキャベツとニンジンを作り、場面を構成しています。壁には野菜畑があり、空間には野菜の形の色画用紙を通したひも通しを飾っています。

手形の葉っぱ。

子どもたちの活動の様子の写真を展示しています。

ニンジン形のレストランにはアオムシやウサギのお客さんがいます。サラダやモダン焼きなどのごちそうを食べていますね。

トイレットペーパー粘土で作ったおにぎりやハンバーグ、目玉焼きもたくさん入れてお弁当づくり。

遊びに使ったトイレットペーパーを粘土にし、ポテトサラダに見立てました。中にはスポンジやマカロニ、ビーズが具材として入っています。

キャベツのおうちの中にはアオムシがいます。

モダン焼きを焼いているウサギです。

大きなニンジンの中のレストランです。
メニュー表を見てから注文してくださいね。

ペットボトル・空箱を使ってのウサギづくりは、高月齢の乳児たちの作品です。出したり入れたりの好きなこの年齢に合った行為でサラダづくりをしています。

野菜形の色画用紙にシール貼り・なぐり描きを楽しんでいます。レストランの新鮮な野菜畑です。

0・1歳児 テーマ あめの日大好き、かみなり様

0・1歳児共同で取り組んだ作品展を紹介します。
　園によって、それぞれのクラスの乳児数が少ない場合や、0歳児と1歳児の月齢差があまり変わらない場合などには共同のテーマに取り組むのも一つの方法です。同じテーマを基に、それぞれの年齢の遊びを造形のかたちにしていきましょう。

お花紙を入れて、かみなり様。

軽量紙粘土の手形押しです。

0歳児の取り組み

1歳児の取り組み

入れ込みでケーキづくり。

ペットボトルに入れ込み遊び。
顔はシール貼りで表現しています。

紙皿に洗濯ばさみ遊びをしています。
お花がいっぱいできました。

大好きなタンス遊びをそのまま展示にしてみました。

1歳児が雲の形の画用紙になぐり描き。下にはかみなり様のひも通し遊びをぶら下げています。

1歳児が筆で塗って遊びました。

かみなり様の遊びのコーナー。

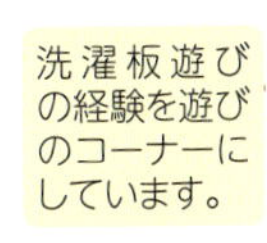

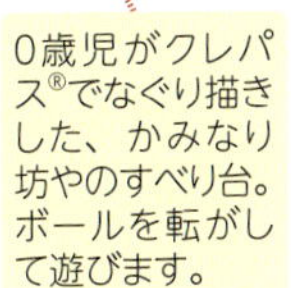

洗濯板遊びの経験を遊びのコーナーにしています。

0歳児がクレパス®でなぐり描きした、かみなり坊やのすべり台。ボールを転がして遊びます。

※クレパスは株式会社サクラクレパスの登録商標です。クレパスの普通名称は、オイルパステルです。

0・1歳児 テーマ クマのパンやさん

0歳児の取り組み

クマのメモスタンド

軽量紙粘土に手形押しをして、メモスタンドに。

軽量紙粘土で作られたメロンパンと手形押しメッセージをモビールにして展示。

網の上にのっているパンに、0歳児がなぐり描きとシール貼りをしました。

アオムシにかじられた穴を意識しながら、リンゴの形の色画用紙になぐり描きを楽しみました。

全体の取り組み

ハチミツ入れのコロコロ転がし。ミツバチが転がっていきます。

クマのパンやさんのお店です。たくさんのお客さんがパンを買いに来てくれています。

1歳児の取り組み

パンの袋やホイップクリームの絞り出し袋に、いろいろな材料を入れて動物を作っています。色画用紙で作った顔にシールで目をつけました。

ピザ

ピザソースを塗ってみんなで作ったピザは、ハムやチーズなどたくさんのトッピングがいっぱいでおいしそうです。

ドーナツの絵の具遊び

カップケーキ

カップケーキの紙カップにお花紙や毛糸などを入れて作りました。

サンドイッチにはフェルト・色画用紙・お花紙などのいろいろな材料をトマト・ハム・タマゴに見立ててサンドしました。

2歳児 テーマ

トマトさん（共同制作）

●●● 用意するもの ●●●

●空箱　●ペットボトル
●ナイロンの袋　●布地　●綿
●ストロー　●スプーン　●段ボール箱

活動の流れ

- 『トマトさん』の絵本を読み聞かせ、作るものについて話す。
- 自分の作りたいものを決める。
  - ・個人制作…ウサギ、クマ、ゾウ
  - ・グループ制作…オムライス、サラダ、ボンゴレパスタ
- トマトのレストランを段ボール箱で作る。

ポイント and アドバイス

- 作品展だからといって新しいことを活動内容にするのではなく、１学期から経験したことを集約して改めてテーマに合わせて表現に生かすように計画しましょう。
- 乳児の作品展展示には部屋で使っているおもちゃコーナーの道具、また本物の計量器やトマト缶、パスタ入れなどを使うと生活観が見られて子どもの作品がやさしい雰囲気になります。

子どもの大好きな絵本からテーマをみつけました。何度も何度も読み聞かせをして取り組みへとイメージをつなげていきます。

段ボール箱で作ったトマトレストラン。
絵の具の共同活動です。
中にはたくさんのごちそうが並んでいます。

個人制作

- ナイロン袋、布袋に綿を詰め込み目、口、鼻、ひげをつけます。
- 空箱、ペットボトルに毛糸、布地をのりで貼り、顔をくっつけます。
- スプーン、ストローなどで手足をつけます。

個人制作·クマ

クマのコックさんです。
お揃いのコック帽子、緑のスカーフでちょっとおしゃれに！

個人制作·ゾウ

ナイロンの袋でゾウさんを作っています。
体は空箱。のりの活動で布地で服を着せています。

お客様がレストランに来ました。
子どものイスを使っての展示。

個人制作·ウサギ

グループ制作

日頃の保育の中で、のりやはさみを使ってのごっこ遊びの経験を造形展の中で繰り返し遊びとして生かしていきます。

グループ制作のごちそうづくりの材料は各ページを参考にしてください。

オムライスづくり

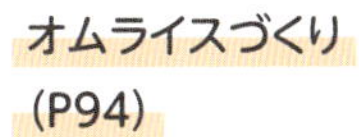

（P94）

お部屋のコーナーのキッチンセットも素敵な展示台に変身。日常性が出ておしゃれに！

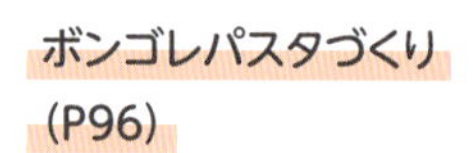

ボンゴレパスタづくり
(P96)

サラダづくり
(P106)

夏の虫とりの経験をトマトとりのなぐり描きなどに生かして展示しています。

展示の仕方は先生の感性で変わります。
子どもらしさを工夫で演出してください。

　ある保育園の2歳の男の子です。みんなとなぐり描きをするのですが、いつも筆圧が弱くためらいながら紙の下の方にトントントンとほんの少しの点を描くというよりしるすくらいの表現でした。他の子は結構力強く、2歳なりの思い切ったなぐり描きを楽しんでいます。彼には生まれたときから両目の瞼が垂れ下がり目が半分くらいしか開かない病気がありました。夏休み後、その彼が目の手術をして園に戻ってきて描いた久しぶりのなぐり描きに私は驚きました。その形は力強く「目がはっきり見えるよ」と言わんばかりの自信に満ちたクレパス®の線。そしてうずまき線。今までにはなかった形です。

　本編では環境・経験の有無と表現の関係について伝えたいと思います。特に描けない子どもにもいろいろなケースがあります。「描かない描けない=駄目」ではなくいろいろな原因、理由の中で描くことに苦労と努力をしている子どもがいっぱいいることを知っていただけたらと思います。

※クレパスは株式会社サクラクレパスの登録商標です。クレパスの普通名称は、オイルパステルです。

記号の発達・色の発達

子どもの絵の表現の発達を見ていくと、多少の違いはありますが基本的には同じ道筋をたどります。これは日本の子どもだけでなく世界中の子どもも同じような規則性で変化していきます。ですが、子どもの環境や経験で個人差が見られますので、年齢とは必ずしも一致しないと考えましょう。ある園の4月の0〜5歳児クラスのおうちをテーマとした表現（0〜1歳児はなぐり描き）を参考に見てみましょう。

0歳児

1歳児

2歳児

錯画期（なぐり描き期）

象徴期（意味づけ期）

記号の発達

クレパス®を手にとって画用紙の上になぐり描きを始めるのは1歳前後、つかまり立ちができる頃です。最初はトントンとたたくように点を打ち、音を楽しみます。その際、偶然に手が動いて短い線がうつると、意図的に繰り返し、画面にできる線を楽しむようになります。

初めの頃は手を動かす運動感覚を楽しんでいますが、1歳児半頃になると左右往復の折れ線に縦線が加わります。イメージを浮かべ、「ブーブー」などつぶやきながら意味をもたせ、渦巻のような形が出現します。また紙の四隅にしるしをつけ（四隅押さえ）、紙の大きさや紙の形を認識する育ちも見られます。（第一の空間認知）この発達が出現したら紙の形を車や花などの形にして形との関わりを見ていきましょう。

小さな複重円を次々と余白に描いてはめ込みます。「これパパとママ」と円環に意味をつけ説明を加えていきます。2歳児後半になると運動機能や言語能力の発達に伴って終結した円を描き、「昨日お買い物に行ってイチゴ、パン、お菓子を買ったの」と図式的に描き、小さな円に目や口をつけて顔のようなものを描く育ちも見られます。

意味づけ期…描いたことに意味づけをする。

色の発達

身近な人、物の色を意識します。

なぐり描きの点、線がはっきり見える色を与えるのではなく、自分で選べるよう最低8色を用意します。見覚えのある色を意識的に選んで使う姿が見られます。

身近な人、物の色を意識して色を選びます。

なんとなくいつも同じ色を選ぶことに気づいたりします。よく見るとお母さんや先生の衣服の色、保育室など生活環境の色に影響を受けていることに気づくでしょう。色数は12色用意しましょう。

色の名前に興味をもち好きな色を好んで使います。

衣服や持ち物の色に影響を受け、いつもピンク・水色と同じ色を好んで使う傾向が見られます。「他の色も使いなさい」と伝えるよりも、なぜこの色を好むのか生活環境を通して理解していくことの方が大切です。

記号の発達で気をつけること

2・3歳児になると、まるが閉じる育ちになります。円形の線が閉じるのはあたりまえのように思いがちですが、4歳児になっても閉じない場合があります。この場合は下記の病気の可能性がありますので描き方や見方をよく観察してください。

・遠視……近くの物体の像が鮮明に見えないのでいつまでも複重円やまるが閉じない。
・弱視……視力が弱いので筆圧が弱くなるなど、遠視と同様のケースが見られる。

色の発達から気づくこと

色と記号の対応が始まる4歳児になると、ほとんどの子どもが色の名前を理解できます。しかしまれに赤、緑、茶の識別がしにくい子どもがいます。色の使い方で疑問を感じた場合は検査をすすめてください。

・色盲……赤、緑色の識別がしにくい色覚異常。
・色弱……赤と茶や緑と青の識別がつきにくいなどの軽い色盲。

（カタログ期）

3歳児になると知的発達に伴って認知力も増し、目、手、足を左右対称に表現し、頭足人を描きます。円も完全円になり、線と円の組み合わせで簡単な家、花、車などを描くようになります。2歳児と比較するとより空間への認知力が高まり、3歳児後半では紙面の上下で空と地面を理解していきます。(第二の空間認知)

カタログ期…商品カタログのように画面に並べて描く。

前図式期

4歳児では、人物表現は頭に胴の部分が加わり頭足人から一歩内容が深まってきます。この時期の大きな特徴は、動物を描くとほとんど擬人化した表現になることです。太陽や花に目や口を描く、アニミズムの傾向は特に大切にしたいものです。また、人物表現で手足を描くときはまだ1本の線で表現します。幼い子どもは3歳児的表現、兄姉がいる場合は5歳児的表現になりがちです。3〜5歳児の間の調整期間と捉えましょう。

空間認識や形態認知が深まって、説明要素の多い表現になります。1・2階のキッチン、トイレ、お風呂と家の中の詳しい説明が記号化されます。階段やドアの捉え方も展開図法、多視点構図法など、この時期ならではの空間認識が見られます。人物表現の完成と同時に男女や年齢層（赤ちゃん、老人）の描き分けなども可能になってきます。また人物に服、くつ、帽子など着用させるのも4歳児後半からこの年齢にかけての特徴です。

3歳児の色の発達は単色描きと色で遊ぶの2つの特徴が見られます。

①単色で描く（上段）

記号=描くことに興味をもつと、単色（1色）描きになります。形が描けることがうれしく、夢中になるので1色で描くようになります。

②色で遊ぶ（下段）

いろいろな色の名前に興味をもつと、描くよりも塗ることに集中します。色遊びの時期は2歳児で通過する子どももいます。下段のおうちの絵では、色に興味のある時期なので色遊びをしています。形=人物記号は出ていません。

色と記号=形の対応ができます。

幼いうちは、まだ単色で描いたり色遊びを好む子どももいますが、下段の絵のように次第に色と形の対応をするように、色の発達は進んでいきます。記号の発達と同様、3〜5歳児の間の調整期間と捉えましょう。

色と形の対応ができます。

顔は薄橙、口は赤、髪の毛は黒と、描く物と色をきちんと対応し合わせて表現できる育ちです。

※クレパスは株式会社サクラクレパスの登録商標です。クレパスの普通名称は、オイルパステルです。

なぐり描きをするときのポイント・見方

なぐり描きにおける大切な目的は、乳児一人一人の育ちや発達を知ることです。なぐり描きには一定の順序があり、何歳ではこのようになるという見通しが立ちます。一人一人の知的発達・運動機能の発達・情緒の安定・意欲・集中力などをなぐり描きの色や形を通してよみとり、乳児の内面の育ちを理解していくことが保育者の大きな役割です。

ある園の1歳女児の事例です。壁面に貼られていた彼女のなぐり描きを見た途端、私は「かわいそう。すごくしんどい生活をしている。ストレスがいっぱいあるのね！」と言ってしまいました。すると、担任の保育者からは「いいえ、そんなはずはありません。とても評判のよいお母さんの子どもです」とすかさず返されました。これまでに描いたなぐり描きを出してもらって見ると、数か月前からストレスと見られる色や線が確認でき、それが一段ときつくなってきていたのがわかりました。後日、保育者からその乳児の頭部に円形脱毛ができていたと報告を受けました。原因は家庭内での出来事だったようです。

子どもの心の揺れ動きは絵の中にあらわれます。言葉で表現できない乳児だからこそ、その日の気分や心理的な不安要素をストレートに色や形で表すのです。保育者は描いたらすぐに棚の中などに絵を片付けてしまいがちですが、そうではなく、一人一人の作品袋に収納して、描いたその都度、前の作品と比較してください。比べることで成長が確認できますし、先程の1歳女児の事例のような場合にも、心理的な変化に早く気づき、子どもの心をケアすることができるのです。

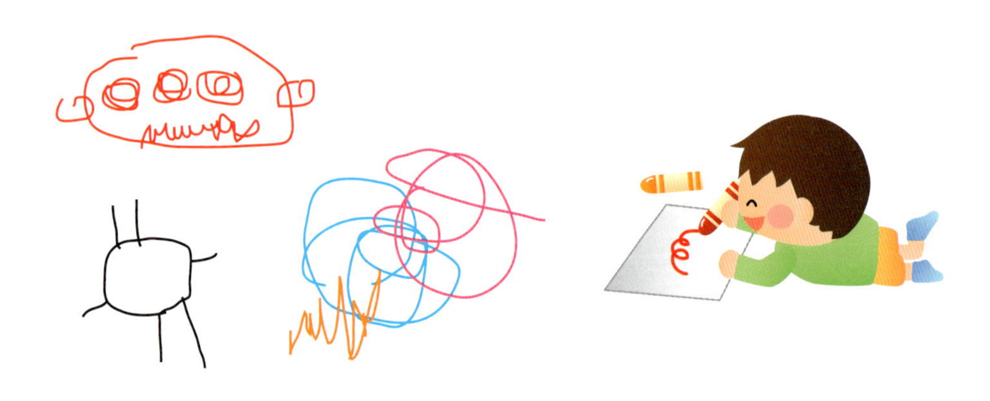

なぐり描きをするときのポイント

色数

0歳児は身近な人物の色を意識して選びます。最低8色は用意するようにしましょう。中には白黒を避け、明るくはっきりと見える色を選んで乳児に手渡す保育者もいるようですが、それは避けましょう。見覚えのある色を選べるようにし、何色をよく使うのか観察してください。理由も見えてくると思います。

1歳児は色の名前を覚え、色に興味づいて、いろいろな色に挑戦するため12色、2歳児は好きな色を選ぶ傾向があるため16色を用意するようにしましょう。

事例 ある1歳女児のなぐり描きはいつも黒色のクレパス®でぬたくりをし、その上に黄色のクレパス®を重ねていました。毎月のなぐり描きも同様だったのですが、彼女のお母さんはヒョウ柄の服が大好きでした。小物やその他も同様に、見覚えのある色を選びます。

用具

物を口に入れる段階ではクレパス®を使うようにしましょう。サイズは短めで、乳児の手のひらで握り込める太さのものが適しています。長すぎたり太すぎたりすると手に負担がかかります。口に入れなくなればサインペンにしてもOKです。

持ち方は、「握り持ち」から「つまみ持ち」、「鉛筆持ち」へと変わっていきます。運動機能が発達し、自分の手の動きを調節する力が身についてくると変化していきます。

紙の大きさ

手・腕の運動、特に左右往復ができるようになれば、画用紙の大きさは八つ切りサイズが適切です。それまでは十六切りサイズで対応しましょう。四隅を押さえられる育ちや紙の大きさと形を認識する育ちが見られるようになれば、四つ切りサイズにします。また、車の形や動物の形、窓やドアがあるなどの変化やしかけのある紙にも挑戦してみましょう。形に対する一人一人の取り組み方の違いが見られます。

なぐり描きの見方

ある1歳児クラスのなぐり描きです。もちろん月齢の差があるので、形状の違いはあります。色や形、描く場所によって一人一人の性格が見えます。子どもの姿・性格・そのときの様子・情緒の安定などを、どのようになぐり描きから理解していけばよいか記してみます。乳児のなぐり描きの見方の参考にしてください。

描く位置　体格の小さな子どもは手前に描きます。紙全体に描くのは体格の大きい乳児に多いようです。右側に主に描くのは右利きで、左側に主に描くのは左利きです。どちらも次第に反対方向の位置に描くように伸びていきます。

筆圧　筆圧が強い……自己主張できる・運動機能がよい・勝ち気・頑固
筆圧が弱い……優しい・勝ち気がない・体力的に弱い・内気

形状

集中している
安定している
楽しんでいる

同じ半復運動を繰り返して重ねる。

同じ円重を重ねる。

同じ形を繰り返しつづける。

同じ形をあちこちに繰り返す。

集中力に欠ける
イライラしている
気が散っている
不安がある

半復運動に長短が見られ乱れている。

円重があちらこちらに散ったり大小に乱れる。

形がいろいろ異なりあちこちに描く。

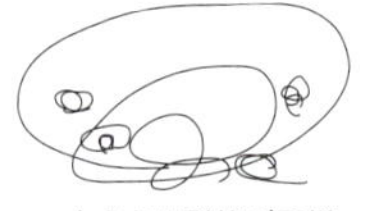
大きさや形状が不揃いである。

ストレスを感じながら生活している子どものなぐり描き

Aくん
1歳男児

4〜6月頃までは大人しく、クラスの中でも遠慮がちでした。7月頃より急に元気で快活に行動がとれるようになりましたが、反面落ち着きに欠けるようになり、9月からはなぐり描きの最後には必ず黒で塗りつぶすようになりました。それからも元気になぐり描きを楽しむのですが、やはり最後には黒色で塗りつぶしてしまいます。おうちでの不安な出来事が、10月・11月をピークに少し落ち着いてきました。1年間を通して観察すると生活面の成長とともに描く線に力が入り、自信をもって取り組む成長が見られますが、精神的にストレスを感じて不安定な心を色で表現する時期が長く続きました。

色相 赤・青・茶色・黒など濃い色をよく使う……自己主張ができる・勝ち気・頑固（落ち着きのない場合もあります。）
水色・ピンク・黄色など淡い色をよく使う……優しい・遠慮がち・おだやか
※ストレスがある子どもは、なぐり描きの後半に黒色、または赤色でぬたくることが多いです。気をつけて見ましょう。

のびのびとした性格。注意散漫になる。

ゆったりとした性格。のんびりやさん。
指先の力は弱く、意欲がまだない。

控えめな性格で取りかかるのに時間がかかるが、やりだすと集中し、最後まで取り組む。

左利き。意志表示がはっきりでき、勝ち気である。
現在ストレスを溜め気味。

友達との会話を楽しみ、言語が豊かになっている。
最初はゆったりだがやりだすと集中し、活発になる。

意志表示ができ、思いを素直にのびのびと表現する。

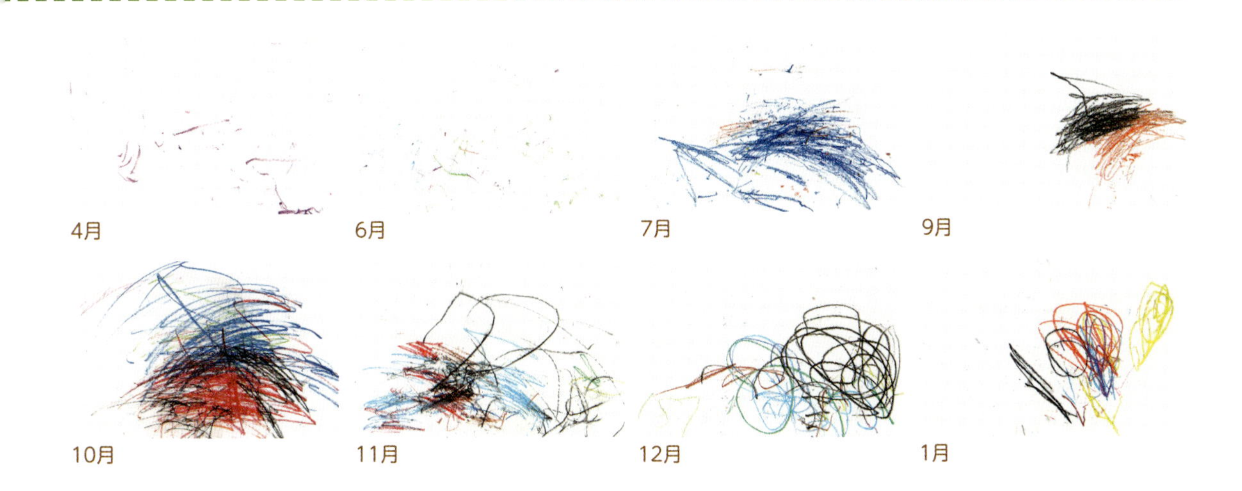

0歳児のなぐり描きの特徴

自分の両手があき、描画材料が持てる、つかまり立ちの発達前後からなぐり描きを始めます。8か月頃といっても一人一人の成育の個人差がありますので、両手があき、立つことができるという節目を目安にしてください。まずこれは、十六切り、なんでも口に入れるこの年齢はクレパスを使う配慮も大切です。手に持つとトントンと叩くように点々を打ち、音を楽しみます。その際、偶然に手が動いて短い線になると、意図的に画面にできる線を楽しむようになります。音に興味づく子どもはいつまでも点々を打ち続け、線に興味づく子どもは早くから線になっていきます。描く位置は、利き手側の下から始まるのが1歳児に向けて次第に紙の全面に向かい、線の方向も左右の横線から上下の縦線へと変化していきます。

6月生まれ 男児

4月入園当初は10か月。一人っ子で甘えん坊。明るく人懐っこいところがあり、保育士さんに頼り気味。指先の力は弱く、意欲もまだない。

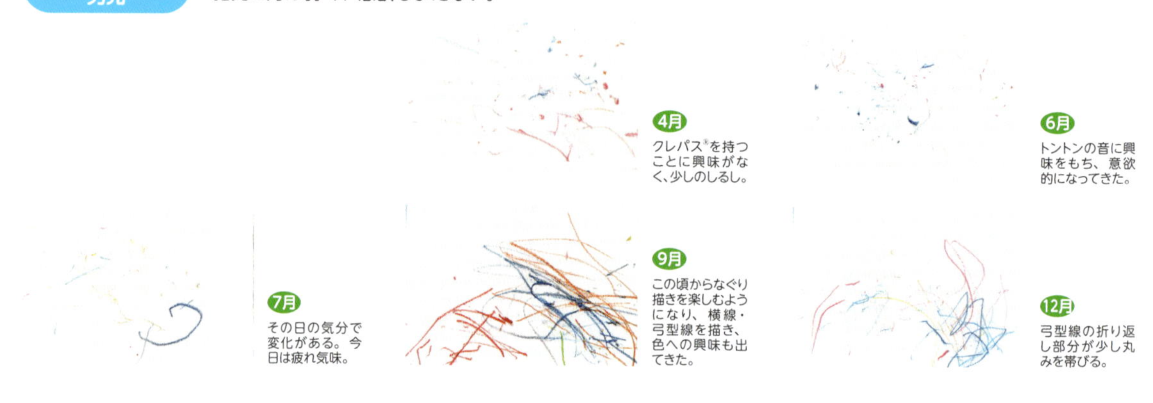

4月 クレパス®を持つことに興味がなく、少しのしるし。

6月 トントンの音に興味をもち、意欲的になってきた。

7月 その日の気分で変化がある。今日は疲れ気味。

9月 この頃からなぐり描きを楽しむようになり、横線・弓型線を描き、色への興味も出てきた。

12月 弓型線の折り返し部分が少し丸みを帯びる。

8月生まれ 女児

2歳上の兄がいる。何事にも興味をもち、積極的に集中して取り組み、負けん気が強い。落ち着いてしっかりしている。

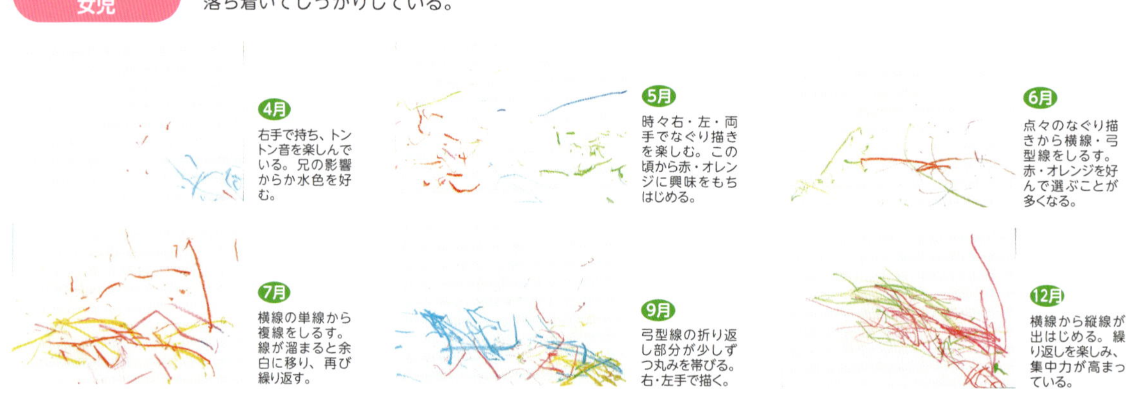

4月 右手で持ち、トントン音を楽しんでいる。兄の影響からか水色を好む。

5月 時々右・左・両手でなぐり描きを楽しむ。この頃から赤・オレンジに興味をもちはじめる。

6月 点々のなぐり描きから横線・弓型線をしるす。赤・オレンジを好んで選ぶことが多くなる。

7月 横線の単線から複線をしるす。線が溜まると余白に移り、再び繰り返す。

9月 弓型線の折り返し部分が少しずつ丸みを帯びる。右・左手で描く。

12月 横線から縦線が出はじめる。繰り返しを楽しみ、集中力が高まっている。

1歳児のなぐり描きの特徴

点や線で楽しんでいた0歳児も、1歳になると手を動かす運動感覚から左右往復の折れ線に縦線が加わります。イメージを浮かべ、「ブーブー」などつぶやきながら意味をもたせ、うずまきのような形が出現します。また紙の四隅にしるしをつけ（四隅押さえ）、紙の大きさや紙の形を認識する育ちも見られます（第一空間認知）。この発達が出現したら、紙を車や花などの形にして、形との関わりを見ていきます。

12月生まれ 男児

4歳児の姉がいる。体を動かすことが大好きで活発。時々注意散漫になりがち。

5月
クレパス®の色、全色を使って楽しむ。

7月
いろいろな色で弓型線を描き、色の重なりを楽しむ。

9月
紙の形に合わせ、急に円環を描きはじめる。色を重ねるより円を重ねることに興味を示す。生活面で落ち着きが出てくる。

10月
図形の円に合わせるように円環を楽しむ。

10月
紙の形を意識し、図形を描き示す。言葉数も増え、安定してくる。

11月
穴のあいた紙の余白にうまく円環を重ねて描く。

12月
小さい円を繰り返し早くも意味づけをしてはめ込み、形が重ならなくなる。

12月
この年齢になると紙の大きさに合わせて腕の動きをうまくコントロールしてなぐり描きができる。

7月生まれ 女児

一人っ子である。明るく元気な子どもでいろいろなことに興味をもち、よくお話しもする。

7月
クレパス®の色を1本ずつ確かめるように色を塗って楽しむ。

7月
小さなギザギザ線でいろいろな色を楽しむ。

9月
紙の形に合わせてクレパス®の色を、右下、左下、左上、右上の順に描き示していく。

10月
この頃より表現に変化が見られるようになる。（お母さんの仕事からのストレスかも）

10月
あきらかになぐり描きの形や色に変化が見られる。

11月
穴のあいた紙の余白にうまく円形を連ねて遊ぶが、右側にストレスと見られる色や形がある。

12月
今までのような紙面への広がりがなく、右端のみのなぐり描き。元気がない。

※クレパスは株式会社サクラクレパスの登録商標です。クレパスの普通名称は、オイルパステルです。

2歳児のなぐり描きの特徴

1歳児の後半より複重円を描き、言葉の習得と重ねて、「これはパパとママ」と描いたものに意味をつけて説明を加えていきます。意味づけ期といい、言語力が豊かになる2歳児の大きな発達の特徴です。2歳児後半になると、運動機能や言語能力の育ちに伴って終結した円を描き、「ママとお買い物に行ったよ。イチゴ、トマト、バナナ買ったよ」といろいろな名詞表現を羅列し、空間にはめ込みをしていきます。紙の中央に大きく描き、その周りの空間に、右利きの子どもは時計回りに、左利きの子どもは反時計回りにはめ込んでいきます。「○(マル)の法則」といい、丸を閉じる方向に手と目が連動している2・3歳児特有の空間の認識です。また、目や口を認識し、後半には顔を描く育ちも見られます。1歳児と異なり、自分の知っているもの、描きたいものの形を描こうとする記号化への第一歩の2歳児です。

冷蔵庫の中には

右ドアのポケットに牛乳、缶ジュースを出したり入れたりして遊べるようにしかけをしています。「左棚に何が入っているのかな？」とクレパス®で描いて楽しみました。

リンゴ、アイスクリーム、
ミカンがいっぱい
入っているよ

トマト、ミカン、
チョコレートが
入っているの

窓には誰がかくれているの？

窓の開閉に興味を示して楽しく遊んだ後、「誰がかくれているかな？」と問いかけて描いています。

電子レンジでチン

「チン」するのが大好きな子どもたちが「レンジで何をチンしたいの？」との問いかけにすぐ、クレパス®で描きはじめたのは、やっぱり大好きなものでした。

オムライス、卵、
おにぎり・・・
そしてわからない

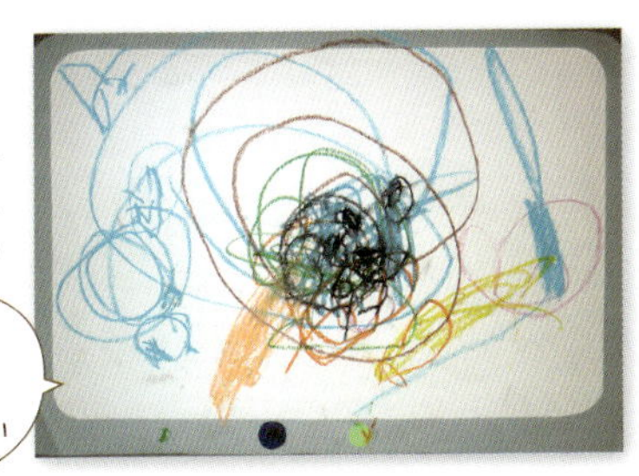

なぜか、ママやパパまでチンする子どもも…。

おイモほりにいこう！

絵の具で描いたおイモをきっかけにクレパス®で描いていきます。自分、お友達と描いているうちに友達がいっぱい。楽しいイモほり遠足になりました。

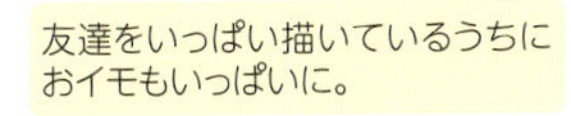

友達をいっぱい描いているうちに
おイモもいっぱいに。

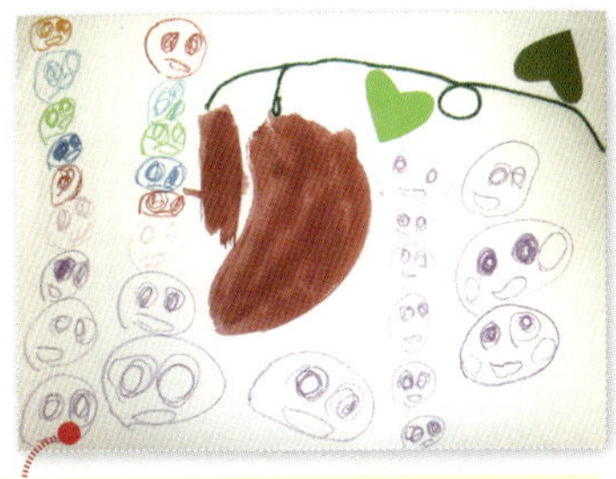

最初はクレパス®の色を変えながら描いていたのですが、疲れたのか後半は紫一色で楽しんでいます。几帳面な並びは性格です。

トンボのおうち

筆の持ち方、絵の具のつけ方を大切に伝えながら草むらを絵の具で表現しています。塗る子ども、線で描く子どもと様々です。

高い草にトンボ
のおうちが
あるの

塗っている間になんとなくおうちの型？が。

イチゴがいっぱい

「イチゴがクマくんに食べられちゃった」との声かけで、ヘタをきっかけにイチゴを描いていきます。

おいしくなあれ、
おいしくなあれ

※クレパスは株式会社サクラクレパスの登録商標です。クレパスの普通名称は、オイルパステルです。

サンタさんからのプレゼントは

「袋の中には何が入っているのかな？」との話し合いからクレパス®でほしいプレゼントを描いています。

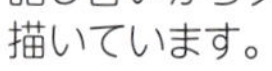

おもちゃいっぱい ほしいなあ

顔のまわりにひげいっぱいのサンタさん。長いあごひげではありません。

おいしそうなお弁当

おにぎりを貼ることをきっかけに自分の食べたいお弁当を描いています。保育園児は毎日が給食でお弁当の経験が少ないので、描く食材は給食のおかずになります。

ナスビ、ピーマンのたいたの、トマトがいっぱい

金平ゴボウとおひたし、ブドウが入っています。

バスに乗ってGO！

保育園バスに乗ってお散歩に行きます。ちゃんと座っていけるかな？窓には乗っている自分たちの顔を描いています。

バスに乗って GO!

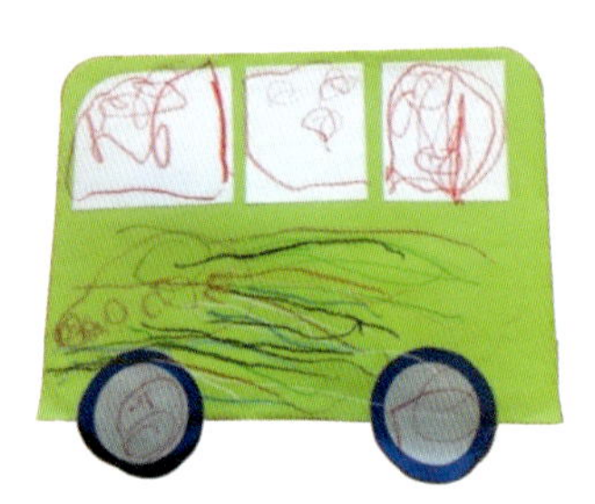

はらぺこあおむし

「大好きなはらぺこあおむしにごちそうをあげよう」との問いかけで描いています。

リンゴ食べて

ぼくの葉っぱも おいしいよ

※クレパスは株式会社サクラクレパスの登録商標です。クレパスの普通名称は、オイルパステルです。

パフェ食べたよ

パフェのお皿に白い絵の具のかき氷をいっぱい入れます。氷の上にはイチゴのシロップとくだものをたくさんトッピングして、おいしそうになりました。

お皿から氷がこぼれちゃったよ
ぼくの氷もいっぱい。早く食べないと溶けちゃうよ

スイカ

園庭で育てているスイカ。まだ小さいけれど、きっと中は甘くなっているね。スイカの皮をきっかけに、絵の具で描いてみました。

種ってどう並んでいるの？

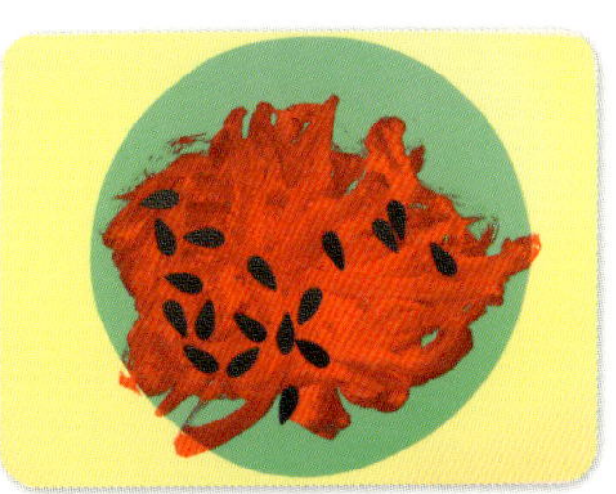

みんなのおうち

屋根をつけたおうちの形をきっかけに、人物表現をしてみました。「パパ・ママがいるよ」と、円に目や口がついた、2歳児特有の頭らしい表現が見られます。テレビ、冷蔵庫などの意味づけがたくさん出てきます。

円が閉じ、単円になっています。描くことに夢中になると、色は1色になります。

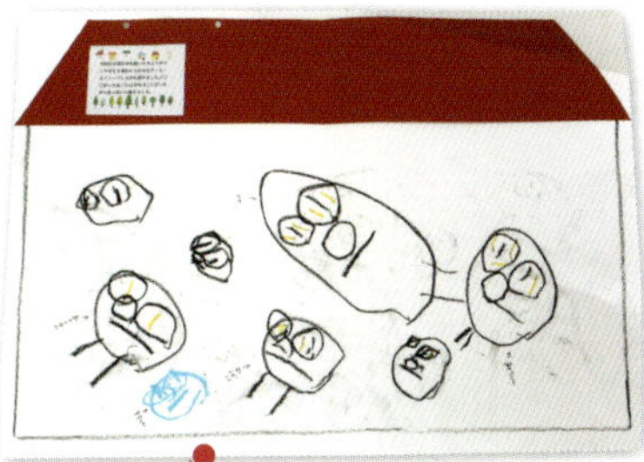

人物に目や口を描き、足も描いています。

おにさん

絵の具や筆の扱いに慣れてきたら、塗り広げ、鬼の顔を大きくのびのびと表現できるようにきっかけをなくしてみましょう。

赤、茶、白、ピンクと、色数を多くしたので活動時間が長くなりましたが、最後までしっかり取り組めています。

のびのびと塗り広げた青鬼の顔。ピンク色の大きな口はより強く見えます。

なぐり描きの形の配置・空間のよみとり

なぐり描きの形態はいろいろあります。全体型・中心型・縦半分型・横半分型・斜め半分型などです。配置の異なりができる主な原因は、利き手・体格・性格からくる発達の違いと考えられています。

これは画用紙になぐり描きをしたときの形状で、例えば、紙に図形が描いてある場合ではどのようななぐり描きになるのか考えてみましょう。

そこでこのような図形（）を描いた画用紙と車（）・ウサギ（）の形の画用紙を用意し、乳児のなぐり描きの空間のよみとりの変容を見てみました。それぞれの子どもの空間のよみとりを年齢差で確認してください。

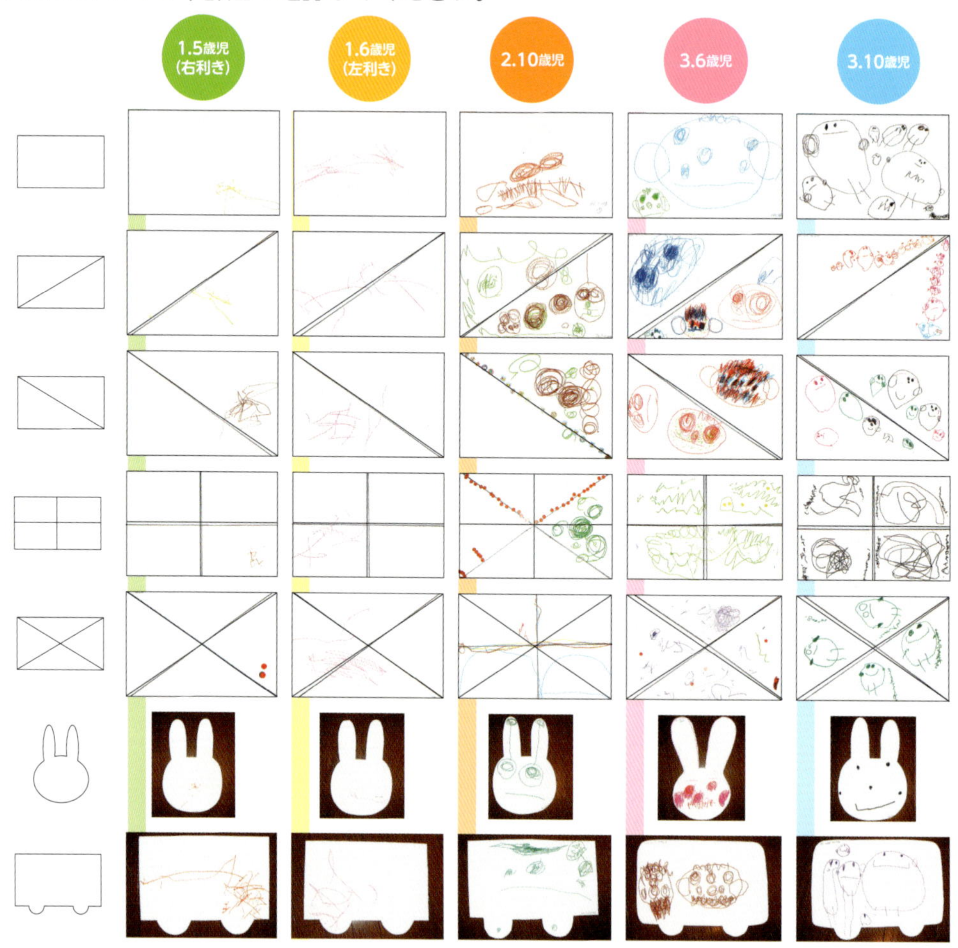

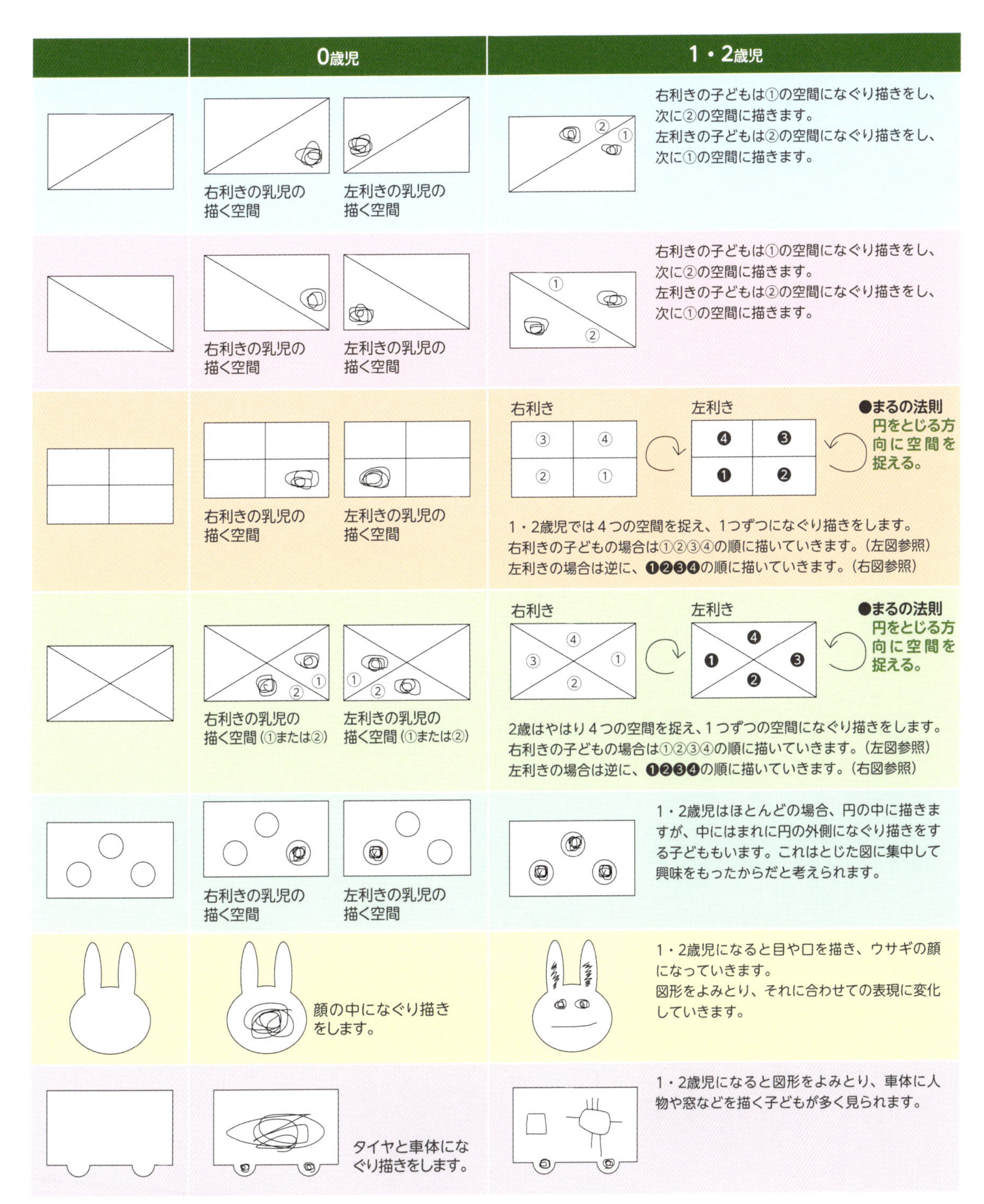
0歳児
1・2歳児
右利きの乳児の描く空間
左利きの乳児の描く空間
右利きの子どもは①の空間になぐり描きをし、次に②の空間に描きます。
左利きの子どもは②の空間になぐり描きをし、次に①の空間に描きます。
右利きの乳児の描く空間
左利きの乳児の描く空間
右利きの子どもは①の空間になぐり描きをし、次に②の空間に描きます。
左利きの子どもは②の空間になぐり描きをし、次に①の空間に描きます。
右利きの乳児の描く空間
左利きの乳児の描く空間
右利き
左利き
●まるの法則
円をとじる方向に空間を捉える。
1・2歳児では4つの空間を捉え、1つずつになぐり描きをします。
右利きの子どもの場合は①②③④の順に描いていきます。（左図参照）
左利きの場合は逆に、❶❷❸❹の順に描いていきます。（右図参照）
右利きの乳児の描く空間（①または②）
左利きの乳児の描く空間（①または②）
右利き
左利き
●まるの法則
円をとじる方向に空間を捉える。
2歳はやはり4つの空間を捉え、1つずつの空間になぐり描きをします。
右利きの子どもの場合は①②③④の順に描いていきます。（左図参照）
左利きの場合は逆に、❶❷❸❹の順に描いていきます。（右図参照）
右利きの乳児の描く空間
左利きの乳児の描く空間
1・2歳児はほとんどの場合、円の中に描きますが、中にはまれに円の外側になぐり描きをする子どももいます。これはとじた図に集中して興味をもったからだと考えられます。
顔の中になぐり描きをします。
1・2歳児になると目や口を描き、ウサギの顔になっていきます。
図形をよみとり、それに合わせての表現に変化していきます。
タイヤと車体になぐり描きをします。
1・2歳児になると図形をよみとり、車体に人物や窓などを描く子どもが多く見られます。

なぐり描きの配置様式の実例

1歳児になると紙の大きさや形に合わせて手をコントロールし、なぐり描きをする育ちが見られます。

大きさの異なる紙、穴があいている紙などにどう対応してなぐり描きをするのかを、0歳児・1歳児の事例から確認してみましょう。

全体型

用紙全体に描き込みがあり、周囲や四隅のどこに重点があろうとかまわない。

縦半分型

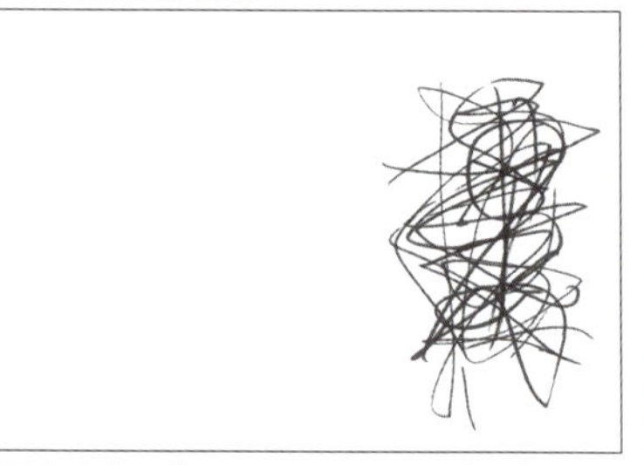

用紙の左右いずれかの縦半分にスクリブルが集まっている。

斜め半分型

用紙の斜め半分にスクリブルが集中している。

中心型

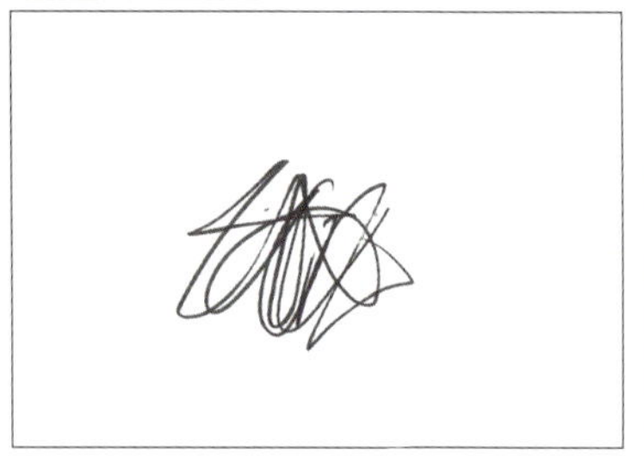

用紙の中央部にスクリブルが集まっている。サイズは大小を問わない。

横半分型

用紙の上下いずれかの横半分にスクリブルが集まっている。

1/4 領域型

スクリブルが用紙の1/4の領域に限定されている。

大きさの異なる紙

0歳児

1歳児（左利き）

1歳児は紙面の大きさに合わせて、大きく描いたり小さく描いたりと手をうまくコントロールします。

穴があいている紙

0歳児

1歳児（左利き）

0歳児は手を置いた位置に描きますが、1歳児は穴をさけてまわりの余白になぐり描きをします。

赤い○型の紙が貼っている紙

0歳児

1歳児

0歳児は手を置いた位置に描きますが、1歳児はピンクの○型の中のみ描いています。

乳児の形や図形に対するよみとりの能力はすばらしいの一言に尽きます。ほとんどは1.5歳くらいから育ちとしてもっていると考えられます。

Fantz, R. L. は、乳児期の知覚機能について研究を行っています。その内容は単純な図形と複雑な図形とでは、どちらの図形を長く見るか、注視する時間の検査とその理解力の調査です。

反応する能力を観察した結果、単純な図形より複雑な図形ほど長く凝視し、それを理解しようと興味や能力が高まることがわかっています。

そこで、空間や図形にどのように興味をもち、表していくのかを乳児の好きなシール貼りで見てみましょう。

指で物をつかむ・つまむといった指の発達は、「腕・手・指の発達」の通りです。人差し指と親指の2本の指でのつまむ動きは、乳児の活動を広げてくれる機能です。

乳児がシールを貼っている姿を見ていると、シールをはがしながらも「どこに貼ろうか？」と、目はすでに貼る場所探しでキョロキョロし、シールをはがし終えた途端に「ここ！」と貼っていきます。これはシールをはがす手と、貼る場所を探す目の連動運動が、きちんと育ちとしてできているからです。なぐり描きをしている姿と同様ですね。表現方法は違っていても、目と手の動きは同じ発達です。図形・空間への関わりとなぐり描き、その関連性を見ていきましょう。

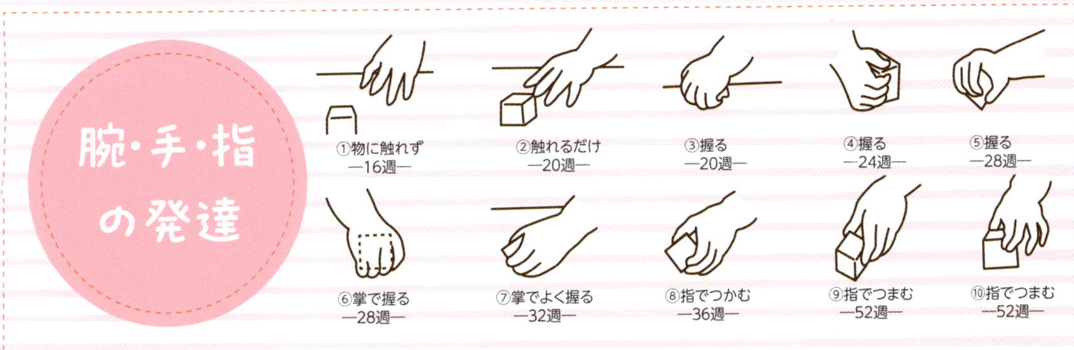

つかみ方の発達

(Halverson, H. M. : An experimental study of prehension in infants by means of systematic cinema records. Genet. Psychol. Monog. 10 1931)

①生後16週頃までは、子どもが一心につかもうとするが、目的物に容易に手が届かなかったり、行き過ぎてつかめなかったり、手腕などの運動もぎこちない。
②20週頃には、それにどうにか触れ得るくらい目と手の協応がだいぶうまくいくようにはなるが、その格好は対象を身体に押しつけ、強く押しつぶすようなやり方である。
③24週で、片手だけで押しつぶすようなつかみ方ができる。
④28週には、手（指と掌全体）で握れ、掌を使って握るようになる。
⑤32週で上手に掌で握りこむ。
⑥36週では、指、特に人差し指と親指だけでつかもうとするが、まだうまくいかない。
⑦52週になり、初めて人差し指と親指を対向させて、指先だけでつまむようになる。

引用文献（高木徳子　乳児の発達、藤掛永良編著『発達心理学』 第5章 P92〜93　建帛社、1996年）

なぐり描きとシール貼りの並行発達

なぐり描きとシール貼りは同じ発達の過程をたどり、乳児がシールやビニールテープを貼る活動を表現する場所（空間）は、なぐり描きをする場所（空間）と同じです。形と色の並行発達を確認してください。

1歳児のシール遊びの特徴

右手・左手をうまく使い、シールをはがしてあちらこちらにペタペタと貼って遊びます。この年齢はシートからうまくシールをはがすのに苦労しますが、1歳児なりにどうすればはがしやすくなるのか工夫する姿も見られます。

横半分型の配置でなぐり描きをします。

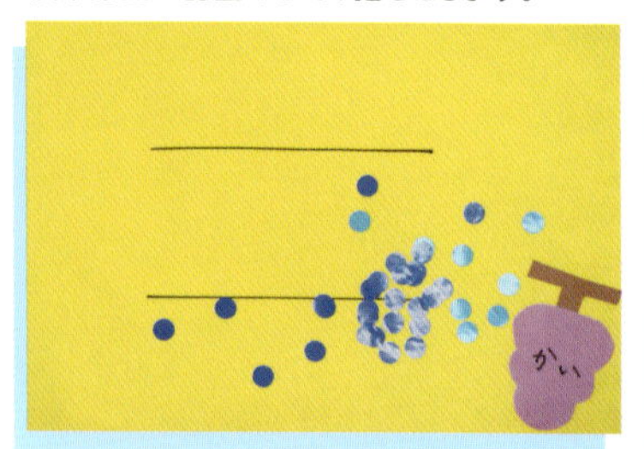

二隅ピラミッド型の配置でなぐり描きをします。

はめ込みをしながら円形意味づけをする発達です。この発達が見られると並べるようになります。

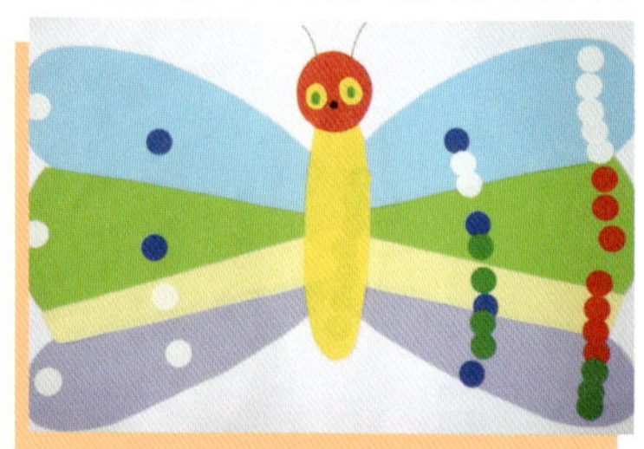

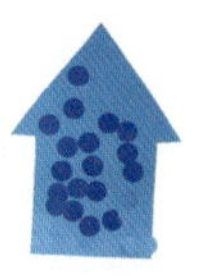

色に興味をもつと「いっしょ！いっしょ！」と色を対応させて貼っていきます。

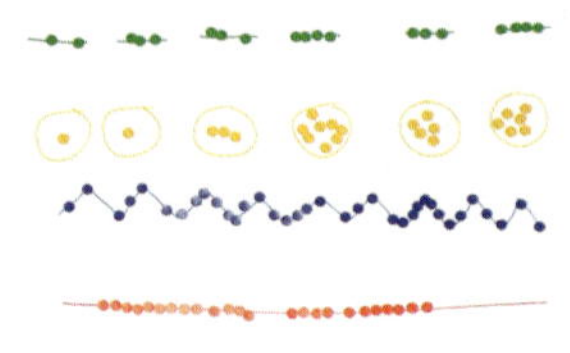

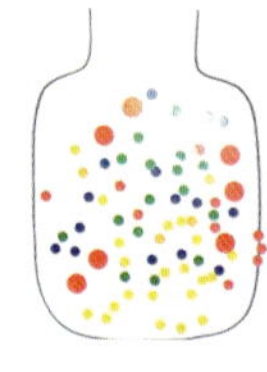

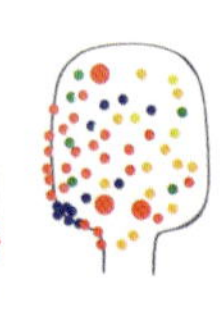

図形が複雑になるほど集中して並べて遊びます。

5月 筆圧がまだ弱く、遠慮気味。

7月 少し部屋の雰囲気にも慣れ、自己発揮するようになる。まだ大人しい。

9月 夏期の水遊びなどいろいろな経験を重ねるうちに、活発になってきた。シール貼りにもなぐり描きにも積極的に取り組む。

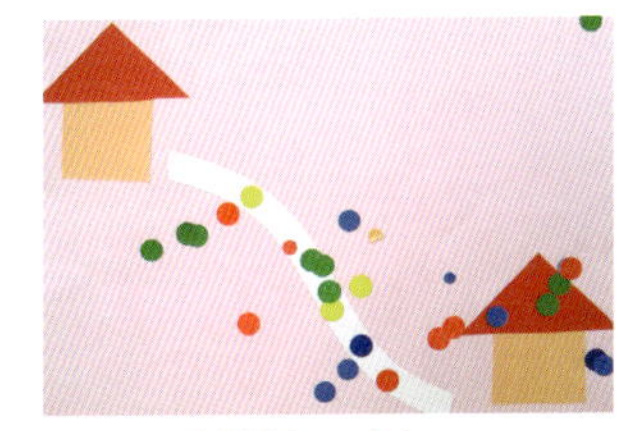

10月 横線に縦線が入りだした。四隅を押さえる姿も見られた。

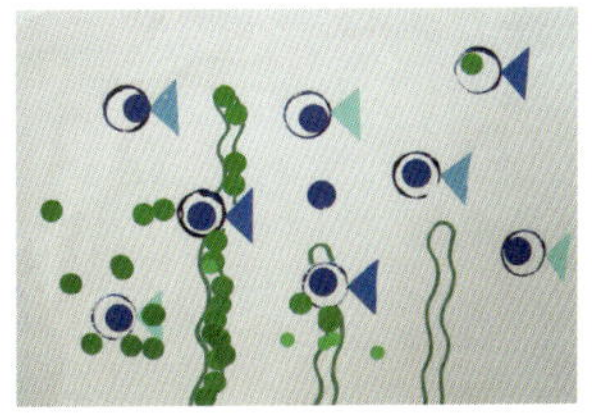

11月 円形らしきものができはじめる。魚の○・△の図形に合わせてシールを貼る。

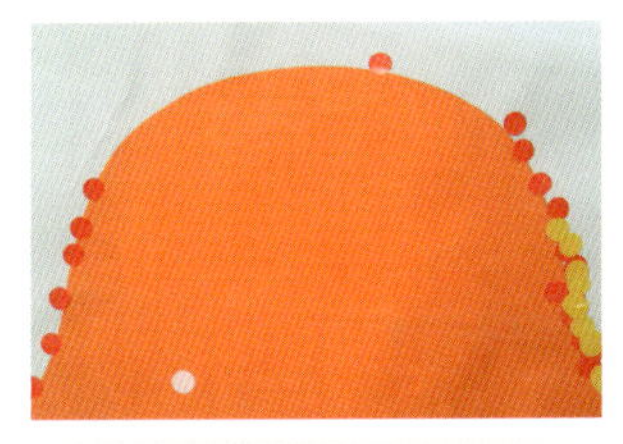

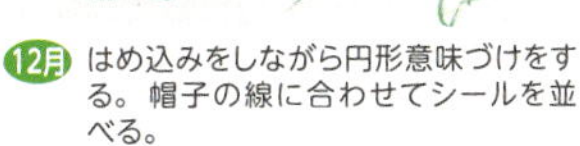

12月 はめ込みをしながら円形意味づけをする。帽子の線に合わせてシールを並べる。

2月 色に興味をもち、いろいろな色でなぐり描きを楽しむ。赤い家には赤いシールの色と同じ色で貼る。

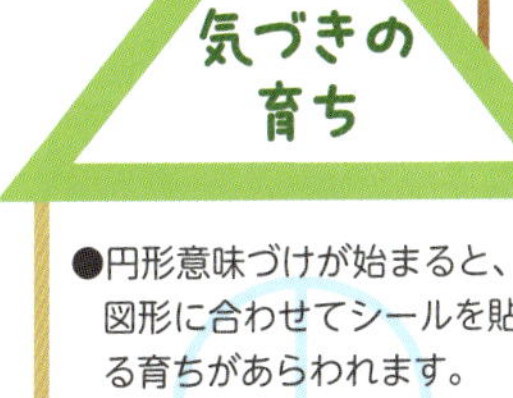

気づきの育ち

- 円形意味づけが始まると、図形に合わせてシールを貼る育ちがあらわれます。
- 色に興味をもち、色の名前を覚えだすと、「同じ」と色を合わせる発達が見られます。

2歳児のシール遊びの特徴

手に取ったシールを何も考えずにあちらこちらに貼る1歳児から、手元を見ながら並べる姿に次第に変化していきます。なぐり描きで複重円を描く段階ではあちらこちら（はめ込み）に貼りますが、単円（1つの円が閉じる）の発達に育つとシールを続ける（線になる）貼り方に変化します。

お散歩しよう 2つの家をつなぐ道と2色のシールを用意します。どんな空間に興味をもち、貼って遊ぶのかを見てみましょう。

家や道を意識せず、自由に貼っています。

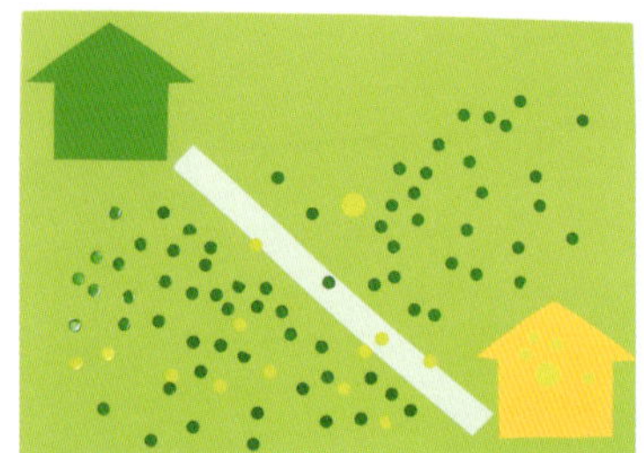
道の線を避けて貼っています。

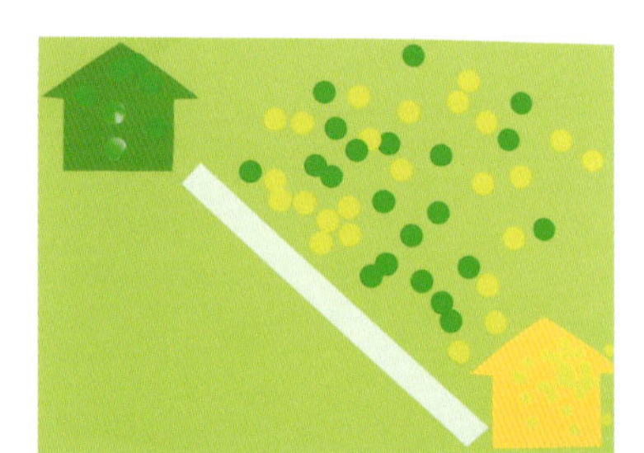
道の片側の空間のみに貼っています。

道の線よりも、家の色とシールの色で楽しんでいます。

家の色や道の線を意識して楽しんでいます。

アリさんのお散歩 出発地（アリ）と目的地（スイカ）があると、シールはどのようにつながるでしょうか。「ここから○○まで」といった目的があると、線にしてつなげようとする意識が高まり、集中力・持続力も増します。

最初からはめ込んでいます。

がんばって続けましたが、途中で疲れました。

スイカまでがんばりました。

水道の蛇口を回すと……

「蛇口を回すと水が出るよ」と話しかけ、水の線をどのようにシールで表現するかを見てみましょう。蛇口の下に容器を描くと、容器を意識し、シールの貼り方で水がたまる様子を工夫して言葉で伝えてくれました。

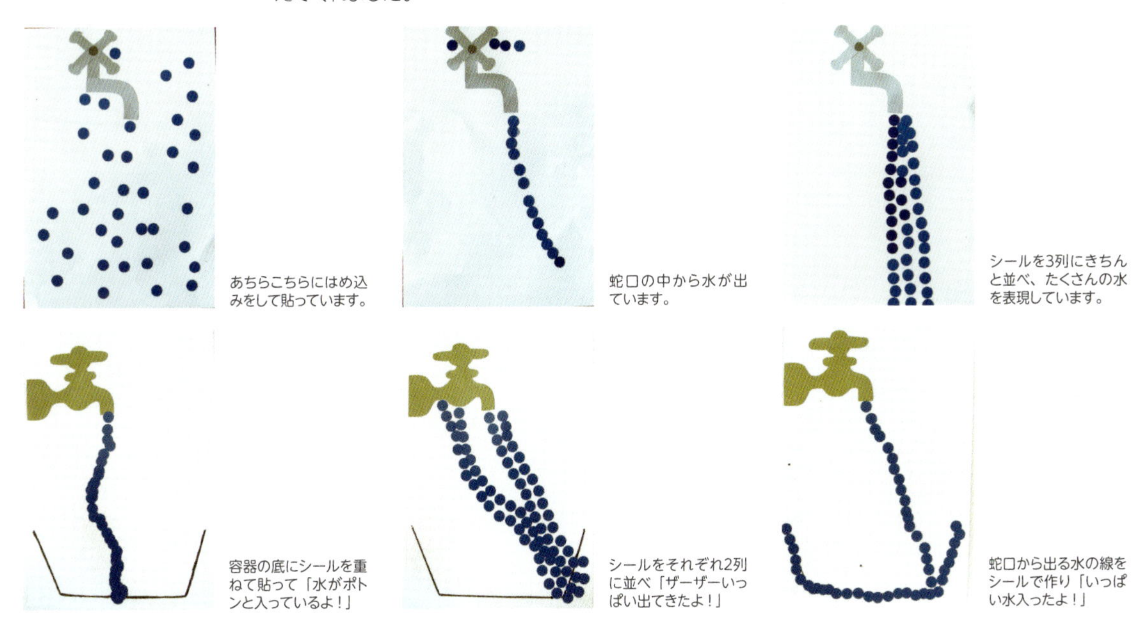

あちらこちらにはめ込みをして貼っています。

蛇口の中から水が出ています。

シールを3列にきちんと並べ、たくさんの水を表現しています。

容器の底にシールを重ねて貼って「水がポトンと入っているよ！」

シールをそれぞれ2列に並べ「ザーザーいっぱい出てきたよ！」

蛇口から出る水の線をシールで作り「いっぱい水入ったよ！」

出発地のアリを右下、目的地のスイカを左上にすると、右利きの子どもはシールを貼る手が右方向になり、この場合は逆になるのでほとんどの子どもは貼りづらくなります。（左利きの子どもにはこの貼り方がよい。）出発地のアリを左下、目的地のスイカを右上にすると、右利きの子どもはシールをスムーズにはがし、右上方向に貼りやすくなります。

著者紹介

舟井賀世子　FUNAI Kayoko

(元・大阪信愛学院短期大学 客員教授)

太成学院大学 非常勤講師、大阪幼児造形教育研究会会長、全大阪幼少年美術振興会特任理事をはじめ全国各地の造形研究会の講師、幼稚園、保育所の先生方の絵画指導に従事、保育者の育成に幅広く携わっている。

主な著書

「0・1・2 歳児の造形あそび百科」(ひかりのくに)
「わくわく楽しい幼児の絵画①」(サクラクレパス出版部)
「わくわく楽しい幼児の絵画②」(サクラクレパス出版部)
「0〜3歳の気持ちと成長がわかるおうちお絵かき」(徳間書店)
「4〜6歳の伝えたいことがわかるおうちお絵かき」(徳間書店)

協力スタッフ

※施設・個人の名称は、取材当時のものになります。

和泉ひかり保育園	植田　玲子
泉光幼稚園	港　あかね
八田荘保育園	坂上　優美子
八田荘第二保育園	中野　優美
八田荘第二保育園	北川　一美
御池台保育園	増田　章代

資料提供・協力園

和泉ひかり保育園	(大阪・和泉市)	第二長尾保育園	(大阪・枚方市)
いぶきの保育園	(大阪・和泉市)	なかよし保育園	(岡山・岡山市)
大宅保育園	(京都・京都市)	八田荘保育園	(大阪・堺市)
岡山造形研修同好会	(岡山・岡山市)	八田荘第二保育園	(大阪・堺市)
彩都保育園	(大阪・茨木市)	マーヤ敬愛保育園	(大阪・吹田市)
泉光幼稚園	(大阪・堺市)	御池台保育園	(大阪・堺市)

みんなで造形　0・1・2歳児

2025年2月8日　第1刷発行

著　　者　舟井賀世子
発 行 者　西村彦四郎
発 行 所　株式会社サクラクレパス出版部

〒540-8508　大阪市中央区森ノ宮中央1-6-20　TEL（06）6910-8800（代表）
〒111-0052　東京都台東区柳橋2-20-16　TEL（03）3862-3911（代表）
ホームページ　https://www.craypas.co.jp
※本書に関するお問い合わせは、弊社（大阪）出版部にお願いします。
※落丁・乱丁の場合はお取り替えいたします。

印刷・製本　大村印刷株式会社
978-4-87895-141-1
定価はカバーに表示してあります。